AF492518

BEATLES 1967

DE ARTESANOS A ARTISTAS

BEATLES 1967

DE ARTESANOS A ARTISTAS

Lucas Magnin

HOJAS DEL SUR

Buenos Aires

www.hojasdelsur.com

Beatles 1967. De artesanos a artistas
Lucas Magnin

1a edición

Editorial Hojas del Sur S.A.
Albarellos 3016
Buenos Aires, C1419FSU, Argentina
e-mail: info@hojasdelsur.com
www.hojasdelsur.com

ISBN 978-987-8916-64-4

Dirección editorial: Andrés Mego
Edición: Debret Viana
Diseño de portada: Hernández + Lara
Diseño de interior: Ezequiel Cobo, AADG Studio

Magnin, Lucas
    Beatles 1967 / Lucas Magnin. - 1a ed. - Ciudad Autónoma de Buenos Aires : Hojas del Sur, 2023.
    240 p. ; 23 x 15 cm.

    ISBN 978-987-8916-64-4

    1. Ensayo. 2. Arte. 3. Grupos Musicales. I. Título.
    CDD 781.6609

©2023 Editorial Hojas del Sur S.A.

Los Beatles son mutantes. Prototipos de agentes evolutivos enviados por Dios y dotados con el misterioso poder de crear una nueva especie: una raza joven de humanos felices. Los Beatles son los avatares más sabios, santos y efectivos que la raza humana ha producido.[1]

Por exagerado que pueda parecer hoy, este elogio de Timothy Leary —profesor de Harvard devenido en profeta psicodélico y abanderado del LSD— era una especie de consenso cultural de la juventud durante el verano del amor de 1967. Allen Ginsberg —poeta beat y padrino de la contracultura de los sesenta—, había viajado tiempo antes a Liverpool; tras pasar allí una semana, en una especie de peregrinaje espiritual, Ginsberg la declaró «el centro de la conciencia del universo humano actual»[2].

El peso que tienen los Beatles en la música popular y la cultura es imposible de exagerar. Son, al pop y al rock, «lo que Beethoven fue a la música sinfónica del siglo XIX»[3], en palabras de Mark Spicer. No hay ningún otro fenómeno que se le parezca. De forma insólita e irrepetible, lograron condensar la fascinación de las multitudes, la admiración de los críticos y la permanencia de los íconos. Los primeros en hacer buena parte de lo que posteriormente se ha vuelto estándar en el mundo del espectáculo. La sombra de la influencia que proyectan en las generaciones que los siguieron se siente, en palabras de Harold Bloom, como una ansiedad: los Beatles son la vara con la que se mide el éxito en la música popular.

El 11 de febrero de 1963 a las diez de la mañana, John Lennon, Paul McCartney, George Harrison y Ringo Starr entraron al

Estudio 2 de Abbey Road para grabar su primer disco. Demoraron nueve horas y 45 minutos. La sesión costó 400 libras esterlinas. *Please Please Me*, el resultado de esa sesión, inauguró la Beatlemanía.

El 20 de agosto de 1969 —2382 días después— fue la última vez en que los cuatro Beatles estuvieron juntos en el estudio. Fue un día de trabajo en unas secuencias finales para su último disco, *Abbey Road* —aunque *Let It Be* se publicó más tarde—. Como dijo Lennon tiempo después, el sueño se había terminado.

Pasaron seis años y medio entre el comienzo y el final del mito. Trece álbumes de estudio y 213 canciones. ¿Cómo fue posible que esos cuatro chicos de Liverpool se convirtieran, en menos de siete años, en la banda de rock más grande de todos los tiempos?

Y más aún: ¿Cómo es posible que 2382 días después de grabar un disco que contenía la frase «Amor, ámame. Sabes que te amo. Siempre seré fiel. Así que, por favor, ámame, whoo, ámame»* estuvieran cerrando un álbum que contiene Come Together, Something y el Medley? Esta segunda pregunta es la que va a guiarnos en la búsqueda.

Los Beatles maduraron de manera precoz y abrumadora; de ser energéticos aprendices de Elvis, se convirtieron, en unos pocos años, en gurús de la música, el arte y la cultura occidental. La influencia y la redefinición del género canción efectuada por los Beatles harían que los musicólogos, por primera vez, comenzaran a tomar en serio la música pop.[4] Esta legitimidad influiría dramáticamente en el desplazamiento del eje *alta/baja cultura* que había estructurado por siglos el canon artístico europeo.

Desde los años sesenta se ha intentado trazar esa evolución creativa desde diferentes ángulos y perspectivas. Para explicar el

---

*.   Una canción de 108 palabras, de las cuales 22 son "love".

fenómeno de los Beatles, se ha dedicado a su carrera más investigación académica que al resto de los artistas de pop y rock de los años sesenta… combinados.[5] En un intento de mapear las publicaciones más destacadas sobre el tema, *The Beatles Bibliography* ofrece una breve reseña —que se extiende a lo largo de más de 600 páginas— de casi tres mil libros, artículos, películas y sitios web sobre los Beatles.[6]

El libro que tenés en tus manos se suma a esa larga lista de publicaciones. Así es: *otro libro sobre los Beatles*. Para peores, una empresa literaria como esta es, desde el principio, un proyecto agridulce; como ha sugerido alguien —quizás Elvis Costello, quizás Frank Zappa—, escribir sobre música es casi como bailar sobre arquitectura.

Antes de tener esta forma, muchas de las ideas e intuiciones que llenarán las próximas páginas fueron parte de mi tesis de la Licenciatura en Letras. Sabía que a lo largo de la carrera de los Beatles se puede ver, cada vez con más claridad, una forma de hacer música que cambiaría de manera radical nuestra idea de qué es (o qué puede ser) la canción popular. El objetivo de mi investigación era precisamente intentar comprender de qué estaba hecha su *poética*, es decir: «El programa operativo que una y otra vez se propone el artista, el proyecto de la obra a realizar como lo entiende explícita o implícitamente el artista»[7]. Con la parsimonia que caracteriza a ese tipo de textos académicos, la tesis se llamó: "'The Man of a Thousand Voices'. Un estudio de las relaciones intertextuales y dialógicas de los Beatles en *Sgt. Pepper's Lonely Hearts Club Band* y *Magical Mystery Tour*". Terminada la carrera, esa investigación quedó sepultada en una carpeta de Mis Documentos, como una impublicable anécdota de todo ese proceso.

Diez años después, cuando recibí esta invitación para publicar, me acordé de aquella tesis impublicable. Me decidí a cambiarla por completo: darle un formato accesible a un público no especializado, transformar la árida prosa de la academia por un tono más divulgativo y actualizar las referencias bibliográficas a la luz de las publicaciones de la última década.

La evolución creativa de los Beatles se puede dividir en tres grandes etapas. La primera es el período temprano, que abarca de 1962 a 1965 —desde *Please Please Me* hasta *Help!*—. El período medio se extiende de 1965 a 1967 —desde *Rubber Soul* hasta *Magical Mystery Tour*—. Finalmente, el período tardío va de 1968 a 1970 —desde el *White Album* hasta *Let It Be*—.[8]

Hacer un recorrido minucioso de las 213 canciones del catálogo canónico de los Beatles es una tarea titánica —y, probablemente, de interés sólo para un pequeño nicho de estudiosos del tema y estoicos fans de los Fab Four—. Por eso, en este libro me voy a dedicar exclusivamente a las 24 canciones que publicaron en 1967: las trece de *Sgt. Pepper's Lonely Hearts Club Band* y las once de *Magical Mystery Tour*.

Aunque uno de estos discos es inmensamente más popular que el otro, ambos son por muchas razones inseparables. Son una fotografía sonora del mismo período creativo: una *temporada especial*, en palabras del musicólogo Allan Pollack. Es el año casi exacto que se extiende desde el 24 de noviembre de 1966 —día en que comenzaron las sesiones de *Sgt. Pepper*— y el 27 de noviembre de 1967 —cuando se publicó en Estados Unidos la que eventualmente sería la versión canónica de *Magical Mystery Tour*—.

Es, además, una etapa claramente delimitada por dos eventos fundamentales de su carrera: el final de las giras (que sucedió tres semanas después de la publicación de *Revolver*) y el viaje a la India (donde escribirían la mayor parte del *White Album*).

Los Beatles pasaron de tocar en antros mal iluminados de la periferia inglesa a juntar más de 55 mil personas en el Shea Stadium de Nueva York en tan sólo cuatro años (algo absolutamente sobresaliente incluso en nuestros días, pero inimaginable en ese entonces). Durante ese tiempo, la prensa de su país, de Estados Unidos y de buena parte del mundo los tuvo como protagonistas. Día tras día, los cuatro muchachos de Liverpool aparecían en las portadas y los noticieros. Lo disfrutaron durante un tiempo, pero eventualmente se fueron cansando; empezaron a darse cuenta de que los conciertos ya no eran interesantes, de que cada vez tocaban peor, de que los gritos impedían que la gente los escuchara, de que todas las habitaciones de los hoteles del mundo se parecían demasiado. Empezaron a ser conscientes de que su música crecía a pasos agigantados y que era imposible reproducir en vivo algunas de las ideas que surgían en las sesiones de grabación.

El 29 de agosto de 1966, los Beatles dieron su último concierto público en el Candlestick Park de San Francisco; en el avión de regreso a Londres, Harrison le puso palabras al descontento: «Bueno, eso es todo, ya no soy un Beatle»[9]. Después de casi tres meses de silencio, se reencontraron a fines de noviembre para trabajar intensamente en el estudio —por primera vez, *únicamente* en el estudio— en lo que sería su próximo disco.

Comenzaron con STRAWBERRY FIELDS FOREVER, de Lennon, y siguieron luego con WHEN I'M SIXTY-FOUR y PENNY LANE de McCartney. La primera y la última no formarían parte del octavo álbum de la banda —*Sgt. Pepper's Lonely Hearts Club Band*—, sino que saldrían antes, en febrero de 1967 y por motivos puramente comerciales, como un single doble lado A (una decisión que George Martín lamentaría por el resto de su vida).

Un año más tarde, tras el final del verano del amor, los Beatles estaban embarcados en una búsqueda espiritual que los conduciría al ashram del Maharishi Mahesh Yogi en Rishikesh. Las semanas en la India fueron para algunos espiritualmente poco satisfactorias, pero dejaron unas cuarenta canciones nuevas; esos demos se convertirían eventualmente en el disco doble *The Beatles* (universalmente conocido como el *Álbum blanco*).

Las veinticuatro canciones de *Sgt. Pepper* y *Magical Mystery Tour* coronan el período medio de la discografía de los Beatles. No fueron, por supuesto, hechos creativos aislados, sino el fruto de una intensa experimentación en singles y discos anteriores —sobre todo, *Revolver*—.

En el centro de esa madurez encontramos un método creativo que, como dice Mark Spicer, «tendría profunda influencia en los compositores posteriores de música popular: la tendencia de recuperar recursos musicales y líricos previos a la hora de escribir y grabar nuevas canciones»[10]. Este libro reposa sobre una intuición: la idea de que, como rezaba el himno del verano del amor de 1967, «there's nothing you can sing that can't be sung». En otras palabras, que en realidad son de Fito Páez, que el mundo cabe en una canción.

Los Beatles van concibiendo su poética de forma progresiva, pero sostenida, como un punto de fuga de lo social. La canción se vuelve un territorio sin fronteras donde pueden aparecer, sin prejuicios ni complejos de inferioridad, todo tipo de textos. Desde libros sagrados de oriente a anuncios publicitarios, pasando por noticias del periódico y afiches de circo, canciones medievales y música de vanguardia, libros eruditos y eslóganes políticos. De pronto, todo el mundo podía entrar en una canción. Considero que este eclecticismo es un eslabón fundamental para entender cómo fue que, en palabras de John Covach, los Beatles dejaron de ser artesanos para convertirse en artistas.

Nuestro recorrido tendrá cuatro momentos claramente distinguibles. Primero haremos un sondeo por las raíces musicales y literarias de las que brotó la canción de los Beatles, una especie de arqueología de ecos e influencias. En un segundo momento, intentaremos entender su proceso de maduración artística; en otras palabras, cómo fue que pasaron, en unos pocos años, de LOVE ME DO a STRAWBERRY FIELDS FOREVER. Luego analizaremos los elementos fundamentales que ayudaron a forjar el punto más alto de la psicodelia en la discografía de los Beatles. Finalmente, analizaremos *Sgt. Pepper* y *Magical Mystery Tour*, canción por canción, para ver cómo se manifiestan todos estos síntomas y estrategias de madurez artística.

Una aclaración sobre este corpus antes de comenzar. Durante esa temporada especial, los Beatles trabajaron en otras cinco canciones que, por diferentes motivos, no serán parte de este libro. El 5 de enero de 1967 grabaron CARNIVAL OF LIGHT, una jam experimental conducida por McCartney de casi catorce minutos (hasta la fecha inédita). ONLY A NORTHERN SONG e IT'S ALL TOO MUCH de Harrison, y ALL TOGETHER NOW de Lennon-McCartney serían parte de la banda sonora de *Yellow Submarine* en enero de 1969. YOU KNOW MY NAME (LOOK UP THE NUMBER) se empezó a trabajar en este período, pero tomó su forma final mucho más adelante y se publicó como lado B de LET IT BE en marzo de 1970.

En inglés se publica constantemente una enorme cantidad de bibliografía especializada sobre cada aspecto imaginable de la obra y el legado de los Beatles. Pocos de esos textos han sido traducidos a nuestra lengua y pocos son también los análisis de la obra de los Beatles realizados directamente en español. Ojalá este libro sea un aporte valioso para los musicólogos exigentes y los fanáticos de a pie por igual.

Raíces musicales y literarias de los Beatles

Antes de que la Beatlemanía explotara en 1964, el imperio de mayor extensión de toda la historia venía en picada. La decadencia política y económica del Imperio británico era ya evidente. Los titánicos compromisos distribuidos en más territorios de los que podían eficientemente administrar, las recurrentes crisis económicas de la primera mitad del siglo XX, el imparable florecimiento de una nueva potencia mundial del otro lado del Atlántico y la frágil posición en la que quedó Inglaterra después de la Segunda Guerra Mundial provocaron un efecto dominó de independencia y libertad a lo largo de las colonias inglesas.

El declive y la caída del Imperio británico, en palabras de Ray Davies, no sólo se expresaba en un rápido ocaso colonial, sino que impregnaba todas las esferas, incluyendo la cultura. Los ingleses se convirtieron en poco tiempo en dedicados consumidores culturales de la que un día había sido su colonia, pero que había logrado convertirse en una omnipresente potencia global con una industria cultural de proporciones hollywoodenses.

«Todos conocíamos los Estados Unidos», dijo Lennon, «todas esas películas, las que habíamos visto de niños, Disneylandia o Doris Day, Rock Hudson, James Dean o Marilyn. Todo era norteamericano: la Coca-Cola, el Kétchup Heinz»[11]. Los Beatles fueron «estudiantes experimentados del pop norteamericano»[12] desde mucho antes de entrar a grabar su primera canción. En palabras del siempre perspicaz Lennon, «sé que desarrollamos un estilo que nos pertenece, pero, en cierto sentido, es como si siguiéramos parodiando a la música norteamericana»[13].

El sempiterno amor de John, Paul, George y Ringo por la música norteamericana, lejos de ser una anomalía o un fanatismo aislado, es un síntoma de la fascinación de Gran Bretaña con la cultura popular de Estados Unidos en los años posteriores al final de la Segunda Guerra Mundial.

Los Beatles hablaban con un inconfundible acento de Liverpool mientras destilaban la esencia musical del delta del Misisipi. Fueron embajadores globales de la tradición artística y el *ethos* británico, al tiempo que vehiculizaban la frescura de la industria del espectáculo norteamericana. Tironeaban al viejo mundo a territorios desconocidos y anclaban al mundo nuevo a una tradición prestigiosa y antiquísima. «Eran, en resumen, británicos y estadounidenses al mismo tiempo»[14]. Los Beatles sintetizan la larga historia de mutua influencia entre ambos lados del Atlántico, son «una encarnación concentrada de casi dos siglos de intercambio cultural entre Gran Bretaña y Estados Unidos desde las primeras décadas del siglo XVIII hasta principios de los años sesenta»[15].

Los Beatles lograron integrar en su obra aspectos intangibles y estructurales de la cultura anglo: Europa y América, lo viejo y lo nuevo, la tradición y la energía, el intelecto y el instinto, el silencio y el sonido. El escenario perfecto para representar esa paradójica integración de culturas fue la canción popular, nacida del encuentro entre la música y la poesía. Sus raíces musicales (rotundamente norteamericanas) y su trasfondo literario (eminentemente británico) forjaron una nueva forma de escribir canciones.

La paradoja de la identidad artística de los Beatles, que llegaría a su plenitud en los últimos años de su carrera, se puede percibir ya desde sus primeros discos. Rastrear esas raíces musicales y literarias primigenias será el propósito de las próximas páginas.

Lend me your ears: raíces musicales

Más allá de la omnipresencia de la industria cultural norteamericana y la decadencia del Imperio británico, existe un factor geográfico fundamental para explicar las raíces musicales de los Beatles. Una ciudad que era un punto neurálgico de paso de los barcos que viajaban por el Atlántico: Liverpool.

Antes de ser manager de los Beatles, Brian Epstein dirigía una tienda de discos en la ciudad. Su asistente, Peter Brown, reconoció que en Liverpool «había mucho conocimiento sobre la música americana que no estaba disponible en el resto del país debido a los marineros»[16]. Ese constante intercambio cultural favoreció el desarrollo de un ecosistema en el que no sólo florecieron los Beatles, sino toda una escena musical, la del Mersey Beat. Se calcula que a comienzos de los sesenta había unas 350 bandas de música *beat* en la zona de Liverpool.[17]

Encontrarían un contexto de intercambio cultural similar en Hamburgo, otra ciudad con salida al mar, donde vivieron varios meses dando conciertos entre agosto de 1960 y diciembre de 1962. George Martin, el productor de los Beatles, conectaba directamente el sonido de la banda con el hecho de haber vivido en una ciudad portuaria.[18] Esos entornos de efervescencia cultural expusieron a los Beatles a una diversidad de influencias musicales mucho más grande que la que hubieran podido tener en cualquier otro lugar de Inglaterra, inclusive en Londres.

El estilo fundacional de la obra de los Beatles es el *rock and roll*,* un género que se desarrolló en los años cincuenta en Estados Unidos a partir de tres fuentes principales. En primer lugar, el *rhythm and blues* o *R&B*, la música que reinaba entre la población afroamericana de la época. En segundo lugar, la música popular masiva —el *mainstream pop*—, hecha por y para blancos, y destinada a un público urbano y familiar. Finalmente, la *música rural del centro, sur y oeste* de Estados Unidos —que incluye géneros como el folk, el blues, el bluegrass y el country and western—.

Estamos hablando evidentemente de una época de profunda segregación racial. Los estilos musicales, las radios y los mercados apenas se tocaban. Pero en 1955 sucedió un fenómeno que tendría enormes repercusiones para la cultura norteamericana (y global): el rhythm and blues se abrió paso dentro del pop mainstream. En ese momento nació el rock and roll. Esas migraciones entre estilos (lo que en inglés se conoce como *crossover*) dieron masividad y nuevos consumidores a la música afroamericana, al tiempo que llenaron de actitud y riesgo a la generalmente insulsa música pop de la época. Las canciones y los artistas empezaron a cruzar las implícitas líneas de géneros y audiencias que anteriormente eran impermeables entre sí; se volvió habitual, por ejemplo, que los artistas blancos regrabaran y adaptaran a su mercado tradicional las canciones de artistas negros que habían tenido éxito.

---

*.   Términos como *pop*, *rock* y *rock and roll* son ambiguos y motivo de constante debate. Aquí llamo *rock and roll*, un género en parte superpuesto con el subgénero *rockabilly*, a la primera ola del *rock* (entre 1954 y 1959). Cf. Covach, 2009, pp. 3-17.

A fines de los cincuenta, y después de unos años dorados, el rock and roll perdió su impulso. No mucho después, los Beatles fueron los encargados de volver a importarlo a Estados Unidos: un género joven, nacido en su propia tierra, pero prácticamente domesticado por el *establishment* nacional.

La fascinación de los Beatles con el rock and roll norteamericano es total: una constante que no sólo define su estilo durante los primeros años, sino que acompaña toda su experiencia musical. Incluso en los discos más experimentales —de los períodos medio y tardío— continúa siendo la referencia, el lugar seguro al que vuelven para animarse a dar el salto creativo a nuevos territorios.

Elvis es, sin dudas, el nombre clave que sintetiza para los Beatles la esencia joven y rebelde del rock and roll. Su energía escénica fue también una de las influencias fundamentales de la actitud escénica de los Fab Four. John recordaba que un día le mostraron una publicación sobre HEARTBREAK HOTEL en el *New Musical Express*:

> Yo me esperaba alguien tipo Perry Como o Sinatra. HEARTBREAK HOTEL parecía un título endulzado y el nombre de Presley me era extraño. Pero cuando lo escuché, para mí fue el final. La primera vez lo escuché en Radio Luxemburgo. Elvis era fantástico; recuerdo que corrí a casa y decía: "Parece Frankie Laine y Johnnie Ray y Tennessee Ernie Ford". Soy fan de Elvis porque fue él quien me sacó de Liverpool.[19]

Harrison contó en una ocasión que, cuando Ravi Shankar lo animó a sondear en sus raíces, el recuerdo lo llevó directo a Elvis: «La primera cosa que significó algo realmente esencial para mí fue andar en bici por ahí y escuchar HEARTBREAK HOTEL»[20]. Otras canciones de Elvis que aparecen frecuentemente en boca de los Beatles son THAT'S ALL RIGHT, MAMA y I FORGOT TO REMEMBER

To Forget —publicadas en *Live at the BBC* (1994)—, Blue Suede Shoes —incluida en *Anthology 3* (1996)—, (You're So Square) Baby I Don't Care —en *The Beatles: 50th Anniversary Edition* (2018)—, Let's Have a Party, I'm Gonna Sit Right Down and Cry (over You), Tutti Frutti y Don't Be Cruel.

Si la actitud escénica y el aura de Elvis fueron la puerta de entrada de los Beatles a la dimensión mítica del rockstar, Chuck Berry y Buddy Holly fueron sus modelos de composición. Hasta ese momento, la música pop (tanto norteamericana como británica) seguía un camino más industrial. Grupos de productores como los de Tin Pan Alley y Brill Building explotaron de una manera casi fordista las posibilidades de los nuevos medios de grabación y difusión: contrataban compositores y arregladores profesionales para escribir canciones para intérpretes profesionales, distribuidas a su vez a través de un eficiente sistema de intermediarios, casas de publicación y promotores. Los Beatles, siguiendo el ejemplo de Berry y Holly, se distanciaron de ese hábito de la música mainstream de la época.

Su decisión —respaldada por el éxito de sus composiciones— popularizó desde comienzos de la Beatlemanía la idea de que una banda de rock suele (y casi que debe) componer sus propias canciones. «La gente actualmente cree que es lo más lógico, pero en esa época no lo hacía nadie. John y yo comenzamos a escribir gracias a [Buddy] Holly»[21]. De él y su banda, The Crickets*, los Beatles aprendieron a explorar estructuras musicales que, aunque se enmarcaban en el género rock and roll, huían de lugares comunes; a diferencia de otros grupos, sus canciones eran menos previsibles y más ambiciosas. Según María, viuda de Holly, Paul McCartney le confesó que ningún otro artista había calado tan hondo en su

---

*.　El nombre *The Beatles* es un tributo a la banda de Buddy Holly.

incipiente estilo de composición.[22] Para su primera grabación, los Beatles eligieron una de Buddy Holly, That'll be the Day, además de In Spite of All Danger de McCartney —ambas fueron incluidas en *Anthology 1* (1995)—. Otras de sus canciones importantes para los Beatles fueron Words of Love —en *Beatles for Sale* (1964)—, Crying, Waiting, Hoping y Don't Ever Change —en *Live at the BBC* (1994)—, Mailman, Bring Me No More Blues —en *Anthology 3* (1996)—, Think It Over y Rave On.

De Chuck Berry, los Beatles aprendieron poesía. Lennon dijo de él que fue como "un pintor primitivo", «uno de los poetas más grandes; podríamos definirlo como poeta del rock. Sus textos estaban avanzados a su tiempo; todos le debemos mucho, incluso Dylan»[23]. Como artista afroamericano en un contexto de segregación racial, Berry desarrolló un estilo de escritura sugestivo y contestatario; para evitar el rechazo o la censura, usaba juegos de palabras y su misma imagen pública con perspicacia y descaro. «Las alusiones inteligentes de Berry y su humor convirtieron sus canciones en inofensivas en términos de llamar o defender el cambio social; se parecen más a un retruco amigable de una cultura adulta que a un asalto frontal directo»[24]. Los Beatles grabaron más versiones de Berry que de ningún otro artista: Roll Over Beethoven —incluida en *With the Beatles* (1963)—; Rock and Roll Music —en *Beatles for Sale* (1964)—; Too Much Monkey Business; Carol; Johnny B. Goode; Memphis, Tennessee; Sweet Little Sixteen y I Got to Find my Baby —incluidas todas en *Live at the BBC* (1994)— y I'm Talking About You —en *On Air - Live at the BBC Volume 2* (2013)—.

Little Richards, para Lennon «uno de los grandes de todos los tiempos»[25], también ocupa un lugar destacado en las preferencias de la banda. Los Beatles interpretaron y mencionaron como influencia varias de sus canciones: Long Tall Sally —incluida en el EP *Long Tall Sally* (1964)—, KANSAS CITY —en *Beatles for Sale* (1964)—, LUCILLE y OHH! MY SOUL —incluidas en *Live at the BBC* (1994)—, RIP IT UP —en *Anthology 3* (1996)—, READY TEDDY o SLIPPIN' AND SLIDIN.

Lo mismo se puede decir de Carl Perkins; en palabras de Lennon: «Hay sólo dos grandes discos que escuché de principio a final cuando tenía 16 años. Uno era el primero o segundo de Carl Perkins, no me acuerdo cuál, y el otro era el primero de Elvis»[26]. Perkins tuvo un gran impacto sobre todo en Harrison (que durante un tiempo se hizo llamar, en su honor, Carl Harrison). Algunas de las canciones de Perkins que más influyeron a los Beatles fueron: MATCHBOX —incluida en el EP *Long Tall Sally* (1964)—, HONEY DON'T y EVERYBODY'S TRYING TO BE MY BABY —incluidas en *Beatles for Sale* (1964)—, SURE TO FALL (IN LOVE WITH YOU) y GLAD ALL OVER —incluidas en *Live at the BBC* (1994)—, LEND ME YOUR COMB —en *Anthology 1* (1995)—, SUMMERTIME BLUES y C'MON EVERYBODY. Aunque popularizada por Elvis, BLUE SUEDE SHOES —en *Anthology 3* (1996)— también fue escrita por Perkins.

Otros artistas de influencia para los Beatles dentro de la primera camada del rock and roll fueron Jerry Lee Lewis —con canciones como MEAN WOMAN BLUES y WHOLA LOTTA SHAKIN' GOIN' ON—, Eddie Cochran —su TWENTY FLIGHT ROCK fue la canción que tocó McCartney para entrar a los Quarrymen, la primera banda de Lennon—, Bill Justis —su instrumental RAUNCHY fue lo que tocó Harrison para entrar a los Quarrymen—, Arthur Smith —con su éxito de 1948, GUITAR BOOGIE, para algunos la primera canción de rock and roll—, Fats Domino —con canciones como I'M IN LOVE AGAIN (el primer disco de rock and roll que escuchó Harrison) y AIN'T THAT A SHAME—, The Everly Brothers —SO HOW COME (NO ONE LOVES ME), incluida en *Live at the BBC* (1994)—, Gene Vincent —BE BOP A LULA—, etc.

Mención especial merecen dos películas que popularizaron el rock and roll en la gran pantalla y cautivaron la imaginación adolescente de los Beatles. En primer lugar, *Blackboard Jungle*, largometraje de 1955, dirigido por Richard Brooks, en el que aparecen Bill Halley & The Comets interpretando ROCK AROUND THE CLOCK. Y segundo, *The Girl Can't Help It*, comedia musical del año siguiente, dirigida por Frank Tashlin, en la que hicieron cameos algunas estrellas del incipiente rock and roll, como Little Richards, Gene Vincent, Eddie Cochran y Fats Domino.

El estreno de *The Girl Can't Help It* en Liverpool a comienzos del verano de 1957 tendría tremendas consecuencias para la historia de la música. Después de verla, un John de dieciséis años redobló su fascinación por el rock and roll y su determinación de convertirse en estrella. El 6 de julio de ese mismo año, no mucho después de su estreno, un Paul de quince años recién cumplidos interpretó para Lennon TWENTY FLIGHT ROCK y BE-BOP-A-LULA, las canciones que Eddie Cochran y Gene Vincent cantan en la película. McCartney pasó la audición y se unió esa misma tarde a los Quarrymen.

Como señalé más arriba, el encuentro entre el rhythm and blues (R&B) y la música pop fue lo que llevó al nacimiento del rock and roll que tanto influyó a los Beatles. El R&B era la música masiva de la población negra; a pesar de la segregación, algunos artistas afroamericanos lograban en ocasiones hacer una transición y alcanzar cierta popularidad con el público blanco. Esos *crossover* fueron la influencia del R&B que más marcó a los Beatles a través de artistas como The Coasters —con canciones como YOUNG BLOOD (incluida en *Live at the BBC* [1994]) o SEARCHIN' y THREE COOL CATS (incluidas en *Anthology 1* [1995])—, Ray Charles —con canciones como I GOT A WOMAN (incluida en *Live at the BBC* [1994]), HALLELUJAH, I LOVE HER SO (incluida en *Anthology 1* [1995]) y What'd I Say— o The Platters —con su canción You'll Never Know—.

Una subcategoría a la hora de hablar del R&B son los grupos de pop femenino de fines de los cincuenta y principios de los sesenta como The Ronettes, The Shirelles, The Cookies, The Chiffons, The Donays, The Supremes o The Marvelettes. Los primeros dos discos de los Beatles, *Please Please Me* y *With The Beatles*, publicados en Inglaterra en 1963, contienen una notable cantidad de reversiones de grupos femeninos de R&B: Chains (The Cookies), Boys y Baby It's You (The Shirelles), Please Mr. Postman (The Marvellettes) y Devil in Her Heart (The Donays).

Otra subcategoría del R&B tiene que ver con el sello Motown, que innovó dentro del género utilizando un mecanismo de producción similar al que se usaba en el pop mainstream de Tin Pan Alley. Al hacerlo, consiguieron trascender los límites del mercado afroamericano. Además de la ya mencionada Please Mr. Postman, del grupo de pop femenino de Motown The Marvellettes, los Beatles versionaron en sus dos primeros discos británicos You Really Got a Hold on Me de The Miracles y Money (That's All I Want) de Barret Strong.

El pop mainstream de los cuarenta y cincuenta era música generalmente producida a nivel profesional por equipos de compositores como los ya mencionados Tin Pan Alley y Brill Building. Tendía a ser música insulsa, dirigida a toda la familia; las canciones subrayaban el espíritu paternal y de prosperidad característico de la segunda posguerra. Un subgénero dentro de este pop mainstream —que actualmente se rotula como *jazz*, *swing* o *big band*— era la música que escuchaban los padres de los Beatles. Contra ella se rebeló la primera camada del rock and roll y también, hasta cierto punto, los Fab Four.

De los cuatro Beatles, quien más absorbió e incorporó a su composición las raíces del pop mainstream fue Paul. En buena medida, esto refleja el legado de su padre, Jim McCartney, quien había sido músico de jazz. En la época de experimentación y psicodelia del período medio y tardío de los Beatles, esta influencia aparece en la obra de McCartney con toda claridad —Fixing a Hole, When I'm Sixty-four, Your Mother Should Know, Martha My Dear, Honey Pie, Maxwell's Silver Hammer—, pero incluso antes se dejaba percibir en su elección de algunos *covers*, como A Taste of Honey o Till' There Was You (publicados ambos en 1963).* Esas versiones —que, a nivel musical, son probablemente las canciones "menos Beatles" de sus primeros dos discos— fueron un factor clave en la legitimación de la banda, ya que cimentaron su reputación como músicos bien formados que podían apelar no sólo a la juventud, sino también a sus padres.

«Aun la música horrible que odiábamos», dijo Harrison, «esos discos norteamericanos melosos de fines de los cuarenta y principios de los cincuenta, del tipo The Railroad Runs through the Middle of the House o el inglés I'm a Pink Toothbrush, You're a Blue Toothbrush, incluso esa música nos tocó»[27]. El más crítico con el pop mainstream fue sin duda John, que solía burlarse de muchas composiciones de Paul por considerarlas "música de abuelas".

Entre los artistas de ese pop mainstream que influyeron la obra de los Beatles se cuentan Peggy Lee —que hizo la versión de 'Till There Was You que inspiró el *cover* de *With the Beatles* (1963)—, The Teddy Bears —su canción To Know Him Is to Love Him,

---

*.   Paul seguiría desarrollando esta influencia posteriormente, tanto con Wings en los setenta —You Gave Me the Answer, Baby's Request o Walking in the Park with Eloise— como en su carrera solista —todo *Kisses in the Bottom* (2012) es un tributo a esta tradición musical—.

escrita y producida por Phil Spektor, aparece en *Live at the BBC* (1994)—, Del-Vikings —con canciones como WHISPERING BELLS o COME GO WITH ME—, Four Aces —LOVE IS A MANY SPLENDOURED THING—, Frankie Laine, Hank Snow, etc. Entre los artistas que actualmente consideramos como exponentes del jazz, pero en la época estaban asociados con el pop, podemos mencionar a Kay Starr, Frank Sinatra, Ella Fitzgerald, Bing Crosby, Sarah Vaughan, Johnny Ray, Paul Whiteman, Hoagy Carmichael, etc.

Algunas canciones de pop mencionadas directamente como influencia por los Beatles son STARDUST (de Hoagy Carmichael), I'LL BUILD A STAIRWAY TO PARADISE, WHISPERING y STUMBLING (las tres de Paul Whiteman), CAROLINA MOON (estándar popularizado por Gene Austin en 1928), MY FUNNY VALENTINE (estándar popularizado por Chet Baker y Frank Sinatra), THAT OLD BLACK MAGIC (estándar popularizado por Glenn Miller y Frank Sinatra), DINAH, PLEASE y SWEET SUE (las tres popularizadas por Bing Crosby), OVER THE MOUNTAINS, ACROSS THE SEA y LULLABY OF THE LEAVES.

En los Estados Unidos de mediados del siglo pasado, tanto el pop como el R&B eran géneros asociados con la vida urbana. Por el contrario, otros géneros estaban más ligados a la vida rural y no tenían un gran acceso a los medios masivos de la ciudad: el blues, el bluegrass, el folk y el country and western. Los dos primeros predominaban entre la población afroamericana, mientras que los dos segundos estaban más asociados con la población blanca de inmigración europea. Son géneros que, al menos en su versión tradicional, se interpretan con una mínima instrumentación y de forma acústica, sin amplificación. Eran, además, estilos percibidos como más genuinos y auténticos que la música de "la gran ciudad" (que contaba con sus productores, compositores e intérpretes profesionales); el perfil más amateur y menos industrializado de la música rural abonaba el ideal romántico de la autogénesis del artista.*

Algunos referentes de los Beatles en la tradición de la canción rural norteamericana —blues, bluegrass, folk y country and western— son Big Bill Broonzy, Sonny Boy Wiliamson I —Climb Upon My Knee—, Josh White —One Meatball—, Huddie William "Leadbelly" Ledbetter, Dominic Behan, Slim Whitman, Woody Guthrie —influencia fundamental de Bob Dylan, quien marcaría el nuevo rumbo compositivo en los años de transición de los Beatles (1964-1965)—, Gene Autry —South of the Border— y Jimmie Rodgers —su canción Waiting for a Train fue, según George Harrison, la que lo llevó a la guitarra; lo homenajeó en su Rocking Chair in Hawaii, de su disco póstumo *Brainwashed* (2002)—. Merece una mención especial quien fue, sin duda, el artista country de mayor influencia para los Beatles, de quien Lennon diría: «Comencé a imitar a Hank Williams cuando tenía 15 años. [...] Tenía todos sus discos y Honky Tonk Blues era la que tocaba siempre. Presley tocaba country, country-rock. Carl Perkins era verdaderamente country, sólo que con más ritmo»[28].

La música de los Beatles brotó de un terreno marcado por la música norteamericana, de eso no hay dudas. Aprendieron a ser compositores, intérpretes y artistas de la canción popular siguiendo modelos, estrategias y mitos del otro lado del Atlántico. Existen algunas excepciones a esta regla que vale la pena mencionar: el tenor irlandés Josef Locke, algunos músicos ingleses y europeos asociados con el ambiente del jazz —Django Reinhardt, Stéphane Grapelli, Eddie Calvert, David Whitfield—, algunas canciones nacidas de la tradición del vodevil inglés —como Shenanaggy Da

---

*.	Todos estos implícitos explican en buena medida la célebre controversia eléctrica de Bob Dylan (sobre todo el incidente del 25 de julio de 1965 en el Newport Folk Festival). Cf. Schneider, 2008, p. 80.

y Fire, Fire, Fire, Fire, Fire—, algunas canciones tradicionales inglesas y europeas —Greensleeves, The Happy Wanderer, la Rapsodia sueca o Moulin Rouge— y algunos himnos religiosos —como el villancico Little Drummer Boy (que Ringo interpretaría en su disco *I Wanna Be Santa Claus* de 1999) o When the Saints Go Marching In (interpretada en versión rock and roll por Tony Sheridan en 1961 con el acompañamiento de unos, hasta ese momento, desconocidos Beatles)—.

Aunque tiene sus raíces en la música rural tradicional, el rock and roll y el rockabilly de Estados Unidos, el *skiffle* floreció en la Gran Bretaña de los años cincuenta. Es un género que expresa la carestía de la segunda posguerra inglesa: un rock and roll sin electricidad, lo suficientemente sencillo como para que lo pudieran tocar músicos sin formación y, por lo general, con instrumentos de calidad dudosa. The Quarrymen, la primera banda que formó Lennon en 1957 —a la que se unieron McCartney primero y Harrison después, y que evolucionaría hasta convertirse en los Beatles— era precisamente una banda de skiffle. El género alcanzó gran masividad durante la década del cincuenta en el Reino Unido; su influencia se extiende a artistas como David Bowie, los Bee Gees, Mick Jagger de los Rolling Stones, Jimmy Page de Led Zeppelin, Roger Daltrey de The Who, Jack Bruce de Cream, Ritchie Blackmore de Deep Purple o David Gilmour de Pink Floyd. Una de las primeras influencias de los Beatles fue Lonnie Donegan, el rey del skiffle, con canciones como Nobody's Child y, sobre todo, Rock Island Line.

Kicking Edgar Allan Poe: raíces literarias

Si el núcleo duro de la música de los Beatles es inconfundiblemente norteamericano, la poesía de sus canciones tiene una ascendencia notablemente inglesa. Es una tradición que incorporaron a través de múltiples fuentes, pero de manera crucial en sus años en el colegio; buena parte de sus raíces literarias vino precisamente de los libros de texto que leyeron en su paso por la escuela.

Ninguno de los cuatro Beatles fue un intelectual en sentido estricto, pero la educación que recibieron los distinguió del resto de artistas de rock and roll que habían prosperado hasta entonces.

> Antes de los Beatles, se suponía que una estrella típica del pop sería un fracaso académico que se había dedicado a la música para lograr un rápido viaje a la fama y la fortuna. Elvis Presley fue camionero, Cliff Richard trabajó como oficinista, pero John Lennon había ido a la escuela de arte en Liverpool y Paul McCartney había estudiado para sus exámenes de nivel A en la mejor escuela de gramática de la ciudad.[29]

La *escuela de arte* es una institución típicamente inglesa; el rock and roll norteamericano no tuvo nada parecido. McCartney no asistió a una escuela de arte, pero estuvo expuesto a su bohemia en sus frecuentes visitas al Liverpool College of Art, donde asistían John Lennon y Stuart Sutcliffe (quien fue por un tiempo bajista de los Beatles).

Por primera vez, el rock and roll tenía intérpretes que habían recibido una formación relativamente avanzada en arte y literatura. «Lo que hizo a los Beatles diferentes fue el hecho de que George, Paul y John fueran chicos con una educación secundaria»[30], dijo Lennon en una ocasión. En otra reconoció que «las únicas cosas clásicas o intelectuales que había leído o que conocía eran las que vi en la escuela»[31].

Fueron en buena medida las escuelas de arte las que dieron al rock inglés su estilo particular. Era una institución que daba más relevancia al talento que a las calificaciones oficiales y donde se podía interactuar con un amplio espectro de personas de diferentes clases sociales (algo bastante inusual en la estratificada sociedad inglesa de la época). Las escuelas de arte son «el ingrediente secreto del pop/rock inglés más imaginativo»[32]; por sus aulas pasaron Charlie Watts y Keith Richards de los Rolling Stones; Syd Barret, Roger Waters y Nick Mason de Pink Floyd; Cat Stevens; Eric Burdon de los Animals; Pete Townshend de los Who; Ray Davies de los Kinks; y tres guitarristas de los Yardbirds que, eventualmente, fueron más conocidos que la banda en la que tocaron: Jeff Beck, Eric Clapton y Jimmy Page.

Aunque fueron estudiantes de literatura bastante indiferentes y a menudo se burlaban de cierto esnobismo asociado con el mundo de los libros, tanto Lennon como McCartney fueron ávidos lectores. John dijo: «Escribir fue mi primera pasión. Las guitarras vinieron después»[33]. Esa cualidad intelectual no sólo sería central en su propia evolución creativa como compositores, sino que también determinaría la forma en que sus canciones serían recibidas. El crítico musical Robert Christgau señaló: «Recuerdo haber leído un artículo de los Beatles, una reseña, en 1963. [...] Y me dije: "Estos tipos tienen un sonido interesante". ¿Por qué? Porque uno de ellos, John Lennon, fue a una escuela de arte»[34].

Las raíces literarias de Lennon tienen una inconfundible ascendencia en el Reino Unido: Oscar Wilde, D. H. Lawrence, *The Forsyte Saga* —una serie de novelas publicadas por John Galsworthy entre 1906 y 1921—, *Just William* —un libro infantil de aventuras de Richard Crompton publicado en 1922—, *Wind in the Willows* —un clásico de la literatura infantil publicado en 1908 por Kenneth Grahame—, Ronald Searle —caricaturista e ilustrador, creador de *St. Trinian's School*—. «He leído mucho, [...] lo que leen todos. Dickens no me gusta; debo tener un humor justo. Estoy demasiado cerca de la escuela para leer a Dickens o Shakespeare. Odio a Shakespeare»[35].

El escritor que más influyó a Lennon, tanto en sus primeros años como en su adultez, fue sin duda Lewis Carroll. Su sueño infantil era poder escribir un libro para niños similar a *Las aventuras de Alicia en el país de las maravillas*; John estaba decidido a ser una mezcla de Lewis Carroll y el caricaturista Ronald Searle. Estas son las evidentes influencias de *The Daily Howl*, el periódico que Lennon escribía e ilustraba en su infancia. «Estaba apasionado por *Alicia en el país de las maravillas* y dibujaba todos los personajes. Escribía versos en el estilo de "Jabberwocky"»[36]. En Lewis Carroll, Lennon podía identificar su propia percepción surreal del mundo. La influencia de la obra de Carroll se hizo todavía mayor cuando Disney lanzó, en 1951, la versión animada de *Alicia*; esa película marcaría el imaginario infantil de la generación psicodélica que unos años después intentaría bajar por una madriguera hecha de LSD, hongos y mescalina.

«Éramos un poco intelectuales y nos burlábamos de las bandas que no lo eran», reconoció McCartney; «el punto es que teníamos un libro de poesías, era parte de nuestros recursos. Era parte integrante de algo que todos amábamos: el arte. [...] Estoy seguro de que estas cosas se transmitieron a nuestra música y nuestros textos»[37]. Sus raíces literarias también tienen un marcado predominio del Reino Unido. «Ambos habíamos leído los libros de *Alicia* y siempre nos referíamos a ellos. [...] Conocíamos esos libros más que ningún otro»[38]. También habló de la influencia de Shakespeare y Chaucer, de Dylan Thomas, Oscar Wilde, Thomas Hardy y John Steinbeck, y de dramaturgos como los ingleses Jonathan Miller y Richard Brinsley Sheridan, el irlandés Samuel Becket y el norteamericano Tennessee Williams.

El Señor de los anillos, del británico J. R. R. Tolkien fue otra clara influencia tomada de sus años escolares. Al pensar en la temática de su tercera película —después de *A Hard Day's Night* (1964) y *Help!* (1965)—, los Beatles evaluaron la posibilidad de basarla en la obra de Tolkien.

Algunos otros escritores —como los norteamericanos Edgar Allan Poe, Terry Southern y William Burroughs, el inglés H. G. Wells y el irlandés George Bernard Shaw— serían homenajeados en la tapa de *Sgt. Pepper*.

Durante su estancia en Hamburgo (intermitentemente entre agosto de 1960 y diciembre de 1962), los Beatles recibieron una buena dosis de influencia de la literatura y la filosofía francesas. A través de los *Exies* —sus tres amigos existencialistas: Astrid Kirchherr, Klaus Voormann y Jürgen Vollmer—, los Beatles entraron en contacto con las ideas y textos de Camus, Sartre, Genet, Baudelaire, Cocteau, etc.

Hay que destacar una última influencia literaria en sus años de formación: la tradición humorística británica. Aunque parte de esa tradición no viene (estrictamente hablando) de los libros, es una huella que marcó a fuego su uso del lenguaje. Dos programas de radio, uno de los cuarenta y otro de los cincuenta, los conectarían con esa tradición. En primer lugar, ITMA (acrónimo de *It's That Man Again*, la frase que usaban los periódicos británicos para referirse a Hitler), del cómico de Liverpool Tommy Handley; la sátira radiofónica de Handley —que también aparece como uno de los héroes de los Beatles en la portada de *Sgt. Pepper*— solía incluir boletines de guerra aparentemente serios. El segundo es *The Goon Show*, creado por Spike Milligan, Peter Sellers y Harry Secombe: una comedia radiofónica de la BBC llena de sketchs disparatados, sátiras sin sentido y absurdos juegos de palabras, que parodiaba figuras del *establishment* y atacaba el aburguesamiento de la posguerra.

El camino de los Beatles de artesanos a artistas

Era un 9 de febrero de 1964 y un célebre conductor de televisión presentaba a un cuarteto de muchachos ingleses; la eufórica audiencia se encontraba ante uno de los hitos culturales más importantes del siglo XX: los Beatles daban su primer concierto en Estados Unidos, en el show de Ed Sullivan, y la cultura popular nunca volvería a ser la misma.

El primer single de los Beatles fue LOVE ME DO; se estrenó un 5 de octubre de 1962. Menos de seis meses después, se lanzó su primer disco, *Please Please Me*, donde estaba incluida LOVE ME DO (pero en una versión diferente, en la que el sesionista Andy White reemplaza a Ringo en la batería). Con esas canciones a cuesta, los Beatles ganaron rápidamente el nivel de acto central de la música pop en Inglaterra. Pero no fue hasta su llegada a Estados Unidos —lo que suele considerarse como el comienzo de la *invasión británica*— que se convirtieron en el fenómeno musical más importante de la era del rock. La masividad que habían entrevisto

Chuck Berry y Buddy Holly, esa que había sabido conquistar Elvis, se rendía ante cuatro muchachos de Liverpool.

Si los Beatles nos hubieran dejado sólo ese puñado de canciones propias y reversiones de clásicos del rock and roll que componen sus primeros discos, quizás hoy los recordaríamos como un fenómeno apenas más importante que The Shadows, Gerry and the Pacemakers o The Animals: bandas que alcanzaron un éxito rápido a principios de los sesenta, pero no permanecieron, que lograron su impacto dando a la industria de la música exactamente lo que la industria pedía: éxitos, canciones pegadizas, venta de discos. Paradójicamente, los Beatles se convirtieron en la banda más importante y redituable de la historia en el proceso mismo de escapar de la escritura de éxitos para la radio.

Unos pocos, pero interminables años de furiosa Beatlemanía llevaron a la banda a un nivel de estrellato global que hasta ese momento no se había visto y, desde entonces, no se ha vuelto a ver. Después de su tercera gira por Estados Unidos, a fines de agosto de 1966, ya al borde del agotamiento, los Beatles se apartarían por un tiempo del ojo público. Querían entrar en una nueva etapa de su carrera; los años de estudio, como suele conocerse este período, comenzaron con la grabación de una canción de Lennon sobre la infancia.

Poco más de cuatro años separan la melosa fórmula de Love Me Do y las intrincadas capas de experimentación de Strawberry Fields Forever. Los Beatles habían dejado de ser meros artesanos de la canción pop para convertirse en artistas con todas las letras. El rock había dejado de ser "música simple para bailar" y se había convertido en "música seria para escuchar", según la célebre comparación del crítico musical Wilfrid Mellers. Siguiendo sus pisadas, la música popular que vino después ha querido replicar el camino de los Beatles: ir más allá del oficio de artesano de canciones comercialmente exitosas para alcanzar las cotas de inspiración, genialidad y complejidad con las que se asocia a la figura del artista. El propósito de este capítulo es trazar precisamente las estrategias, claves y etapas de esa evolución.

A *little better*: el período chicle (1963-1964)

El primer disco de los Beatles, *Please Please Me*, fue poco más que un recital de su repertorio. Grabado enteramente en un día de estudio y lanzado el 22 de marzo de 1963, estaba integrado por catorce canciones: ocho de su propia autoría y seis reversiones. La propuesta de *Please Please Me* marcaría la tónica de los siguientes discos: *With The Beatles* (22 de noviembre de 1963), *A Hard Day's Night* (10 de julio de 1964) y *Beatles For Sale* (4 de diciembre de 1964).

Los primeros años de la banda suelen conocerse como *bubblegum period*, el período chicle. Fueron la banda sonora de la Beatlemanía. La poesía tiende a ser poco profunda y la música, instantánea. «Eran canciones pop sin más pensamiento que [...] crear un sonido. Y las palabras eran casi irrelevantes»[39], admitió una vez Lennon. Lejos de comunicar un mensaje o tener intenciones estéticas, las letras de sus canciones, intentaban «crear un estado de ánimo o un tono, de modo que no interrumpiera el efecto creado por la música y el sonido»[40].

Eran poco más que ejercicios de escritura, siguiendo el modelo de Buddy Holly, Chuck Berry o los Everly Brothers. PLEASE PLEASE ME, por ejemplo, fue el intento de Lennon de emular dos cosas que le gustaban: la dinámica musical de ONLY THE LONELY de Roy Orbison y un juego de palabras de la canción PLEASE de Bing Crosby.*

------

*.   «*Please*, lend your little ear to my *pleas*».

Los Beatles se presentaron al mundo como unos buenos muchachos que sabían recuperar la herencia del rock and roll norteamericano de los años cincuenta para convertirla en algo accesible a una nueva generación: los hijos de la segunda posguerra. Eran consumados artesanos de la canción pop, dedicados estudiantes de la música norteamericana, y el fruto de ese aprendizaje fue su increíble capacidad para escribir hits.

Tan claro tenían su lugar en el mundo del espectáculo y las expectativas del mercado que Lennon, en ese mismo período y en paralelo, publicó dos libros con ambiciones literarias mucho más notables: *In His Own Write* —publicado en marzo del 1964— y *A Spaniard in the Works* —publicado en junio del 1965—. Sobre esta dualidad literaria, John dijo:

> Tenía un acercamiento de compositor profesional mientras escribía canciones pop. Teníamos que expresar cierto tipo de canción para tener un single y tener cierto estilo al hacer una cosa u otra. Dentro de mí existía un John Lennon que escribía canciones comerciales y no creo que tuvieran mucha profundidad, ni a nivel de texto ni a ningún otro nivel. Para expresarme escribía *A Spaniard in the Works* o *In His Own Write*, historias personales que expresaban emociones personales. Después empecé a ser *yo* mismo con las canciones; no las escribía desde un punto de vista objetivo, sino subjetivo.[41]

Aunque traducen múltiples influencias estilísticas (en especial el rock and roll), las canciones del período chicle responden siempre a un corsé estilístico mayor: la canción pop romántica, un género que se apoya en sentimientos, ideas y metáforas altamente estandarizados. En eso consiste precisamente su eficiencia comunicativa.

Con pocas excepciones, se dirigen siempre, directa o indirectamente, a su audiencia femenina. *Tú* y *yo*, el amante y el amado, están platónicamente unidos; en esa unión, no hay lugar para diferencias, matices, contradicciones y paradojas. En las canciones publicadas en sus primeros dos años abundan los pronombres de primera y segunda persona del singular, que dominan por completo incluso los títulos de sus canciones: LOVE *ME* DO, PS *I* LOVE *YOU*, PLEASE PLEASE *ME*, ASK *ME* WHY, *I* SAW *HER* STANDING THERE, BABY IT'S *YOU*, DO *YOU* WANT TO KNOW A SECRET, FROM *ME* TO *YOU*, THANK *YOU* GIRL, *I'LL* GET *YOU*, ALL *I'VE* GOT TO DO, ALL *MY* LOVING, DON'T BOTHER *ME*, TILL THERE WAS *YOU*, HOLD *ME* TIGHT, *YOU* REALLY GOT A HOLD ON *ME*, *I* WANNA BE *YOUR* MAN, MONEY (THAT'S WHAT *I* WANT), *I* WANT TO HOLD *YOUR* HAND, CAN'T BUY *ME* LOVE, *YOU* CAN'T DO THAT, *I* CALL *YOUR* NAME, *I* SHOULD HAVE KNOWN BETTER, IF *I* FELL, *I'M* HAPPY JUST TO DANCE WITH *YOU*, AND *I* LOVE *HER*, *I'LL* CRY INSTEAD, WHEN *I* GET HOME, *I'LL* BE BACK, *I* FEEL FINE, *I'M* A LOSER, *I'LL* FOLLOW THE SUN, *I* DON'T WANT TO SPOIL THE PARTY, WHAT *YOU'RE* DOING y EVERYBODY'S TRYING TO BE *MY* BABY.

SHE LOVES *YOU* —que incluye en la conversación a una tercera persona— fue de hecho una estrategia de McCartney para evitar repetir el artificio de primera y segunda persona; en palabras de Lennon: «La idea fue de Paul: en lugar de cantar una vez más "I love you", tuvimos en la canción un tercer protagonista. Este tipo de detalles se encuentra aún en sus trabajos en solitario; siempre escribirá una historia sobre alguien más. Yo me siento más inclinado a escribir sobre mí mismo»[42].

Lennon y McCartney son los compositores casi exclusivos en este primer período. Si ya la idea de que un mismo artista escribiera y tocara su propia música era bastante inusual en esta época, la noción de que un equipo de compositores estuviera formado por dos escritores/artistas independientes y no por un compositor y un letrista —como era común en colaboraciones como las de Richard Rodgers y Oscar Hammerstein, George y Ira Gershwin, o posteriormente la de Elton John y Bernie Taupin— era algo inaudito.[43] A esta altura, ni la autoría de las canciones ni las tendencias compositivas de Lennon y McCartney son evidentes. Casi siempre trabajan en conjunto (aunque el ritmo de las giras y los compromisos fueron haciendo esa colaboración progresivamente menos integral).

El "enfoque del artesano", dice John Covach, está dedicado a producir hits, «privilegia las estructuras repetibles; las canciones se escriben según patrones de uso común. Cuando ocurre la innovación dentro de este enfoque, no hay dificultad con la idea de duplicar esta innovación en canciones subsiguientes»[44].

A diferencia del artesano, el "enfoque del artista" le da un lugar fundamental a la innovación y la creatividad, intenta llevar los límites musicales y estilísticos a nuevos territorios. «El énfasis está en no repetir las innovaciones; la peor crítica que se puede hacer contra un individuo creativo, según este enfoque, es que está "reescribiendo la misma canción una y otra vez"»[45].

Los Beatles empezaron su carrera como brillantes artesanos de la canción pop. Sin embargo, de manera gradual, pero sostenida, las composiciones de John y Paul empezaron a descubrir una voz artística propia. Ya para fines de 1963, William Mann, entonces crítico musical del periódico londinense *The Times*, comparó NOT A SECOND TIME —publicada en su segundo disco, *With The Beatles*— con la CANCIÓN DE LA TIERRA del compositor austrobohemio Gustav Mahler.[46]

Lennon y McCartney no sabían leer música y no querían aprender. Eran más instintivos que racionales.[47] Les gustaba componer con la guitarra porque podían probar acordes y giros melódicos extraños al cambiar la posición de los dedos de forma aleatoria. Esta falta de formación formal los mantuvo en un estado de inocencia creativa que aportaba una autenticidad y frescura a sus canciones que los profesionales de Tin Pan Alley o Brill Building no podían emular.

Quizás el primer destello de las diferencias compositivas entre Lennon y McCartney pueda rastrearse hasta los sencillos publicados en la primera mitad de 1964. Can't Buy Me Love (publicado en marzo) exhibe características que apuntan al estilo de McCartney, mientras que A Hard Day's Night (publicado en julio) tiene aspectos que dejan ver incipientemente la mano de Lennon.

A Hard Day's Night dio nombre a la película y el disco —el primero compuesto totalmente por los Beatles y el único firmado íntegramente por Lennon y McCartney— que marcan el punto más alto y *bubblegum* de la Beatlemanía. Pero, incluso así, algunos aspectos compositivos llaman la atención. El acorde inicial de A Hard Day's Night es tan inconfundible como ambiguo; los musicólogos siguen disputando hasta el día de hoy si lo que se escucha es un G7add9sus4, un G7sus4, un G11sus4 o algún otro. I'll Be Back de Lennon incorpora guitarras con un aire flamenco y una estructura métrica irregular, mientras que Things We Said Today de McCartney usa unos acordes ligados al jazz y la música clásica, y And I Love Her, la primera gran balada de Paul, recupera (entre estrofa y estribillo) un cliché armónico del romanticismo, algo bastante inusual para la música pop de la época.

Beatles For Sale, su cuarto álbum, se estrenó en diciembre de 1964. La portada del disco, menos adolescente que las anteriores, muestra su fatiga tras dos años sin descanso. A esta altura, los Beatles se sentían cada vez más confiados en el estudio de grabación y querían experimentar cosas nuevas. Ringo toca unos timbales, un instrumento típico de la música clásica, en Every Little Thing. La canción que abre *Beatles For Sale*, No Reply, usa un inusual ritmo de bossa nova. Eight Days a Week fue la primera vez que los Beatles llevaron al estudio una canción sin terminar (algo que sería muy habitual en los años siguientes); esa situación les dio un margen de experimentación en el estudio que dio como fruto el uso del fundido (*fade-in*) —la primera vez que esto se usaba en el inicio de una canción pop—. También fue la primera vez que se escuchó un acople de guitarra en un disco (en el single I Feel Fine, producido durante esas sesiones).

So much better: Bob Dylan, *Rubber Soul* y *Revolver* (1965-1966)

Al compararlos con el inmensurable crecimiento de la banda a partir de 1965, los avances de los años anteriores, incluso si eran prometedores, parecen minúsculos. Con el paso de los discos, los Beatles parecían alejarse del "enfoque del artesano" y la fórmula de la canción pop hacia una propuesta cada vez más artística y personal. La evolución musical de los Beatles es un arquetipo de cómo se ve la madurez artística en la música popular. Su crecimiento estuvo marcado por aspectos musicales y literarios; una producción técnica más sofisticada y una nueva profundidad en la letra de las canciones «fueron los catalizadores que movieron a los Beatles hacia un período de cuatro años que resumen parte de la música más refinada de la era del rock[48].

En agosto de 1964, los Beatles conocieron en Nueva York a Bob Dylan. Ese encuentro tendría un impacto enorme en varios aspectos de la evolución de la banda; estos aparecen ya en *Beatles*

For Sale (1964), pero siguen desarrollándose en los discos de 1965 y 1966: *Help!*, *Rubber Soul* y *Revolver*.*

En primer lugar, Dylan los introdujo a la marihuana. Esto tendría consecuencias en su forma de escribir y grabar casi inmediatamente. De hecho, WHAT YOU'RE DOING, una de las canciones de McCartney en *Beatles For Sale*, muestra rasgos de ese contacto con la marihuana y es considerada como una de las primeras experimentaciones sonoras de la banda.[49] La fascinación canábica de los Beatles se expresaría mayormente en el esfuerzo por sacar el máximo provecho posible de un único acorde (nota pedal); es la intuición de canciones como TICKET TO RIDE, IF I NEEDED SOMEONE, THE WORD o RAIN.[50]

En segundo lugar, la tradición folk y country de la que bebe Dylan aparece en las canciones de los Beatles cada vez con más claridad. Cuando se estrenó *Beatles For Sale*, Lennon dijo que era «nuestro disco de country and western»[51]. Las guitarras acústicas tendrían por los siguientes dos años un lugar privilegiado en la arquitectura sonora de los discos. La fusión entre folk y rock de una canción como I'M A LOSER marcaría el camino con el que los Byrds alcanzarían la fama unos pocos meses después.

También se percibe la influencia de Dylan en un doble cambio de formato. Para entrar en nuevos territorios artísticos, los Beatles van dejando atrás dos herramientas que habían cimentado su rol como artesanos de la música pop: la canción radial de menos de tres minutos y el formato single. Hasta este momento de la historia, el single era la forma predilecta de vender música popular; los

---

*. Los Beatles, a su vez, influirían en la actitud artística de Dylan —que tomaría distancia del rol de profeta generacional para asumirse como estrella del pop— y en su música —el giro eléctrico de mediados de los sesenta produciría su trilogía *Bringing It All Back Home*, *Highway 61 Revisited* y *Blonde on Blonde*—.

álbumes solían ser un compilado de algunas canciones de éxito, acompañadas por varias otras de relleno.

Dylan es un hijo de la música rural norteamericana (en especial el folk y el country and western), una tradición orgullosa de ser más auténtica y menos corrupta que la música urbana, comercial, profesionalizada. Los artistas de folk repudiaban la artificialidad de las estrellas del pop y sus singles de menos de tres minutos; frente a la inmediatez y el corsé creativo del hit radial, el folk pedía espacio para desarrollar ideas más complejas y menos efectistas. «Una canción puede hacer una afirmación, pero un álbum puede constituir un entero discurso, un drama o una historia»[52].

TICKET TO RIDE —publicada como single el 9 de abril de 1965 e incluida en la película y el disco *Help!*— fue la primera canción de su discografía en superar los tres minutos de duración. Para *Rubber Soul* —publicado el 3 de diciembre de 1965—, los Beatles empiezan a pensar en producciones cada vez más orgánicas; el corsé del single de tres minutos cedería progresivamente su centralidad al disco como formato artístico. Ese cambio tendría enormes consecuencias en la forma de pensar, grabar, distribuir y consumir la música popular. Las consecuencias de ese giro en la carrera de la banda se harían más evidentes en *Revolver* —publicado el 5 de agosto de 1966— y en el single doble lado A PENNY LANE/STRAWBERRY FIELDS FOREVER —publicado en febrero de 1967—, el primero (desde LOVE ME DO de 1962) en no llegar al número uno en las listas de éxitos británicas. Los tiempos habían cambiado.

El aspecto más importante de la influencia de Bob Dylan sobre los Beatles es sin duda el literario; su poesía los animó a escribir letras más complejas, honestas, introspectivas y serias. No fueron las canciones de protesta de Dylan las que más impactaron a los Beatles, sino su acercamiento íntimo y confesional a la canción.

La honestidad lírica y la complejidad emocional de canciones de amor como Girl from the North Country o Don't Think Twice It's Allright los desafiaron a abandonar el modelo de canción de amor con el que habían triunfado hasta entonces.

Durante el período chicle, las canciones de los Beatles hablaban de un *yo* abstracto e impersonal que declara su amor y fidelidad a un *tú* también abstracto e impersonal. No había matices ni rasgos identitarios detrás de esos pronombres personales; su función era lograr que todo tipo de personas se identificaran con ellos. Sin embargo, bajo la influencia de Dylan, los Beatles se van volviendo más conscientes y autorreferenciales. La introspección y la honestidad poética van haciendo desaparecer los pronombres personales para dejar espacio a la plena subjetividad del compositor; «la mente romántica comienza hablando a otros, pero termina hablándose a sí misma»[53].

Aunque el primer Beatle en apreciar la obra de Dylan fue Paul, quien más se vio influenciado por él fue John, que en esta época imitaba incluso el gorro y el porta-armónica característicos del look del cantautor norteamericano.* *Beatles For Sale* abre de hecho con una trilogía de Lennon —No Reply, I'm a Loser y Baby's in Black—, tres canciones donde salen a flote emociones muy íntimas que la música pop de la época generalmente no abordaba: tristeza, ira, frustración, vulnerabilidad.

«Me río y me comporto como un payaso, pero debajo de esta máscara estoy frunciendo el ceño», dice Lennon en I'm a Loser. «Soy yo en el período dylaniano», confesó después, «porque contiene la palabra "payaso"»[54]. Durante 1965, el "período Dylan" de

---

*.   Los otros Beatles se burlaban en este período de la fascinación de Lennon con Dylan, quien, a su vez, escribió en 1966 la canción 4th Time Around, a menudo interpretada como una parodia de una canción de Lennon, Norwegian Wood (This Bird Has Flown). John, a su vez, parodiaría a Dylan años después, en su Parody 2 (más conocida como Stuck Inside Of Lexicon With The Roget's Thesaurus Blues Again).

Lennon dio a luz a otras dos canciones. En primer lugar, You've Got to Hide Your Love Away, del disco *Help!*, el primer tema completamente acústico en la carrera de los Beatles. Y, en segundo lugar, Norwegian Wood (This Bird Has Flown), del disco *Rubber Soul*.

El lenguaje críptico y ambiguo de Norwegian Wood, heredero de la poética de Dylan, se volvería un distintivo de la escritura posterior de Lennon, que utilizaría cada vez más el flujo de la conciencia y la libre asociación en su búsqueda de una poética surrealista y psicodélica. De ese mismo período y disco son dos canciones que muestran su evolución como letrista: Girl —una crítica velada al cristianismo con una cita sutil a la Biblia— e In My Life —una balada autobiográfica que fue, según él, su primera obra maestra y la primera vez que involucró su "parte literaria" en una canción—.

La sombra poética de Dylan también llevaría a los Beatles a una apertura hacia otros textos y tradiciones. El folk —y, en especial, el folk intelectual de Dylan— se movía a sus anchas en un contexto literario y dialogaba sin culpas con todo tipo de intertextos: desde la Biblia a la literatura clásica, pasando por los poetas de vanguardia y los periódicos. Esta era una actitud bastante extraña dentro de la tradición del rock and roll. Los Beatles incorporarían esta desinhibición artística y llevarían el diálogo aún más allá: no sólo hacia todo tipo de textos literarios, sino en especial hacia sonoridades y tradiciones musicales absolutamente extrañas y distantes (algo que en la endogámica música folk se veía poco).

La exposición a la vida y obra de Bob Dylan guió a los Beatles a madurar una actitud dialógica que sería clave para dejar atrás el enfoque de artesanos y adentrarse en territorios artísticos inexplorados. Su predisposición a la experimentación sonora, su búsqueda de nuevos formatos para forjar canciones más complejas y menos predecibles, su abandono del modelo monológico de la canción chicle para aventurarse a la introspección de manera más honesta, su incorporación de influencias musicales y literarias de todo tipo, todos estos cambios estructurales convertirían progresivamente la música de los Beatles en un diálogo.

Rubber Soul es «la bisagra sobre la cual giran las dos fases del desarrollo estilístico de los Beatles»[55], el momento en el que, según George Martin, «comenzamos a pensar en los álbumes como arte por sí mismos, como entidades completas»[56]. Brian Wilson cita a *Rubber Soul* como la inspiración para crear *Pet Sounds* —que sería, a su vez, la inspiración fundamental detrás de *Sgt. Pepper*—: «Cuando lo escuché por primera vez, me volví loco. Dije, "Quiero hacer un álbum así, donde todas las canciones parezcan ser una colección de canciones populares"»[57].

Aunque el punto más alto de la carrera de los Beatles llegaría con discos posteriores —*Revolver* (1966), *Sgt. Pepper* (1967), *White Album* (1968) o *Abbey Road* (1969), según a quién se le pregunte—, la historia de los Beatles se divide en antes y después de *Rubber Soul*. En palabras de Lennon, allí terminó el "período infantil tribal" de los Beatles y comenzó el período autoconsciente.[58]

Si el folk acústico de Dylan fue el gran telón de fondo de 1965-1966, el otro gran estímulo creativo fue la música negra. Como Elvis antes que ellos, los Beatles fueron canalizadores de la cultura negra para un público mainstream. La influencia de la música negra es inmensa en los Beatles desde el comienzo; ya en sus dos primeros discos de 1963 hay siete versiones de artistas de R&B: The Cookies (CHAINS), The Shirelles (BOYS y BABY IT'S YOU), The Marvellettes (PLEASE MR. POSTMAN), The Miracles (YOU REALLY GOT A HOLD ON ME), The Donays (DEVIL IN HER HEART) y Barret Strong (MONEY [THAT'S ALL I WANT]).

Sin embargo, para 1965 habían incorporado esa influencia de manera más orgánica y creativa. Quien más la canalizó fue, sin duda, McCartney, que en esa época escuchaba asiduamente el bajo de James Jamerson en los discos de Motown. La forma de tocar de Jamerson —y la de Carol Kaye, quien, como el mismo Paul, fue primero guitarrista y se convirtió en bajista luego, por necesidad— influyó enormemente en su estilo en el bajo, que se volvió más melódico y contrapuntístico.

«Aunque la absorción de los Beatles de elementos de la música negra americana era tan idiosincrásica como para ser indetectable, siempre asumieron que estas influencias eran obviamente flagrantes»[59]. La influencia de la música negra se ve con toda claridad en canciones de *Rubber Soul* como I'M LOOKING THROUGH YOU, DRIVE MY CAR o THE WORD. De hecho, el mismo título del disco —que se podría traducir como "alma de goma"— es un juego de palabras irónico con la idea de que los Beatles y el resto de los artistas de rock británicos estaban haciendo una imitación barata (como un zapato con suela de goma) de la música soul y R&B norteamericana. Según McCartney, el título se le ocurrió al escuchar que un músico norteamericano decía que el estilo vocal de Mick Jagger era un *plastic soul* (un *soul/alma* de plástico). Según Ringo, el nombre del disco era una forma de reconocer que, en comparación con las figuras del soul estadounidense, «somos blancos y no tenemos lo que ellos tienen»[60].

Revolver, el disco que continúa y expande el legado de *Rubber Soul*, es mucho más explícito y radical en sus búsquedas. «Artísticamente, nos estábamos abriendo y sacando las anteojeras»[61], dijo Paul. Para muchos críticos, es el disco más importante de la carrera de los Beatles.

Empieza con un conteo errático —«1, 2, 3, 4, 1, 2 (¡1, 2, 3, 4!)»— que parece un contrapunto bohemio del eficiente «¡1, 2, 3,

4!» con el que comienza *Please Please Me*. Es el inicio de una nueva etapa creativa.[62] En *Revolver* hay de todo: canciones notablemente influidas por la música negra —Taxman, Got to Get You into My Life—, una densa atmósfera psicodélica —I'm Only Sleeping, Doctor Robert, She Said She Said—, evidentes apropiaciones de la música clásica —Eleanor Rigby, For No One—, baladas románticas —Here, There and Everywhere—, canciones infantiles —Yellow Submarine— y la primera incursión plena en la música clásica de la India —Love You To—.

Aunque es recordada como la canción que cierra el disco, Tomorrow Never Knows fue la primera que grabaron para *Revolver* y es una pieza clave para entender la evolución creativa de la banda. En una época de experimentación con el LSD, Lennon había estado leyendo *The Psychedelic Experience: A Manual Based on the Tibetan Book of the Dead*, un libro escrito por tres psicólogos que hacían experimentos con drogas en Harvard: Timothy Leary (el que no mucho después diría que los Beatles eran mutantes), Richard Alpert y Ralph Metzner. La psicodelia de los investigadores de Harvard y las resonancias religiosas del Libro Tibetano de los muertos que fascinaron a Lennon se sumaron a la admiración de McCartney por la música *avant-garde* del compositor alemán Karlheinz Stockhausen. «Me sentía avergonzado de aquel texto»[63], dijo Lennon, así que, para desdramatizar el esnobismo de todo el asunto, el título de aquel experimento terminó siendo uno de los típicos malapropismos de Ringo (que unos años antes había acuñado "A Hard Day's Night").

Tomorrow Never Knows es una síntesis musical y lírica de los procesos de maduración de los Beatles hasta la fecha: la experimentación sónica en el estudio, un rango instrumental mayor (lo que hacía imposible reproducir las canciones en vivo), formatos más sofisticados e impredecibles, un lenguaje armónico más original (influenciado por la experiencia de los estupefacientes), la madurez y la introspección de las letras, la incorporación de intertextos literarios, etc. Es también una referencia ineludible para entender la música de los Beatles de 1967 en adelante.

Ingredientes de la temporada especial de 1967

La década de los sesenta «cambió la sociedad humana de manera más profunda que cualquier otro período de brevedad comparable»[64]. Desde la geopolítica y las telecomunicaciones hasta la religión y la moda, el mundo que existió hasta los cincuenta se transformó de manera frenética y dramática. En el ojo de la tormenta de ese cambio, como verdaderos pararrayos del espíritu de su época, los Beatles encarnaron las esperanzas y tensiones del nuevo mundo que despertaba.

«Hubo poco de significativo que ocurriera en su tiempo, por muy absurdo o de mala fama que fuera, que no encontrara casi inmediatamente su camino en la vida y obra de los Beatles»[65]. Con cada disco parecían marcar la agenda y los pasos a seguir para toda una generación, como si tuvieran un mapa del futuro. Bajo su magisterio artístico, el pop y el rock de mediados de los sesenta alcanzó un pico de creatividad pocas veces visto. Basta con repasar los discos que se publicaron en el lapso de un año desde la salida de *Rubber Soul* (3 de diciembre del 65): ese mismo día, los Who estrenaron *My Generation*, su disco debut; *If You Can Believe Your Eyes and Ears*, el debut de The Mamas and the Papas, salió el 28 de febrero del 66'; el 15 de abril se publicó *Aftermath* de los Rolling Stones, y el 16 de mayo, *Pet Sounds* de los Beach Boys; después de *Bringing It All Back Home* y *Highway 61 Revisited*, el 20 de junio Dylan cerró su trilogía eléctrica con *Blonde on Blonde*; una semana más tarde, The Mothers of Invention, la banda de Frank Zappa, firmó su debut, *Freak Out!*; en julio, John Mayall & The Bluesbreakers junto a Eric Clapton publicaron *Blues Breakers*, los Yardbirds su disco homónimo y los Byrds su *Fifth Dimension*; el 5 de agosto, los Beatles sacaron *Revolver*, y en octubre se publicaron *Parsley, Sage, Rosemary and Thyme* (Simon & Garfunkel), *The Psychedelic Sounds of the 13th Floor Elevators* (The 13th Floor Elevators) y *Face to Face* (The Kinks); y todavía quedaba tiempo para *Love*, de Da Capo, y *Fresh Cream*, el debut de la nueva banda de Clapton.

> Cualquier persona desafortunada que no haya tenido entre 14 y 30 años durante 1966-67 nunca conocerá la emoción de esos años en la cultura popular. Un optimismo soleado impregnaba todo y las posibilidades parecían ilimitadas. Dominando una escena británica que abarcaba música, poesía, moda y cine, y en la que el fútbol inglés había derrotado recientemente al mundo, los Beatles estaban en su apogeo y eran admirados como árbitros de una nueva era positiva.[66]

La abrumadora legitimidad que alcanzaron, tanto a nivel artístico como comercial, les permitió alejarse de la zona de comodidad y abrir nuevos caminos al mezclar géneros e influencias, al releer la música que amaban sin la presión de tener que escribir constantemente canciones exitosas.

Tres semanas después de publicar *Revolver*, los Beatles dieron su último show en San Francisco y abandonaron las giras. La prensa empezó a especular con el final de la banda y a vaticinar su inminente ruina. Fue el simbólico fin de la Beatlemanía y el comienzo de una nueva época: los años de estudio. Pero antes de eso, los Beatles tomaron distancia y se fueron de vacaciones durante tres meses.

George se había casado en enero con Pattie Boyd, una modelo que había conocido en el rodaje de *A Hard Day's Night*. Su fascinación por la música india se había convertido en este punto en una búsqueda existencial, así que viajó en septiembre a Bombay para tomar seis semanas de lecciones de sitar con el maestro Ravi Shankar.

Ringo eligió disfrutar de la cotidianidad en su mansión en Sunny Heights, en los suburbios del sur de Londres; según el testimonio de su decorador de interiores, fueron unos meses inmensamente felices comiendo cereales junto a su esposa Maureen y su hijo de un año Zak.

Paul estaba en el otro extremo. Lejos de tener vacaciones tranquilas, en esos meses produjo un single para la banda de Merseybeat The Escorts, compuso la banda sonora de la película *The Family Way* y se fue de viaje a África con Mal Evans y su novia Jane Asher. Tras haber comprado una casa en Cavendish Avenue —a diez minutos a pie de los estudios Abbey Road—, McCartney estaba en el centro de la movida contracultural y la vanguardia londinense. «Pensamos siempre que John sea el de la vanguardia, con Yoko y demás, pero en aquel período Paul estaba enamorado de Stockhausen, de John Cage y todos esos artistas»[67], dijo George Martin. En palabras de McCartney: «Estaba encendido durante la época de *Sgt. Pepper*. Vivía en Londres y asistía a todo. [...] Iba a cosas experimentales, cosas vanguardistas, todo este tipo de cosas. Era pura energía»[68]. Asistía a conciertos *avant-garde* de compositores como Cornelius Cardew y Luciano Berio, pero también a shows de variedades. Era habitué de UFO y otros clubes underground, y colaboraba en la galería Indica de sus amigos Barry Miles (quien eventualmente escribiría su biografía), John Dunbar (esposo de Marianne Faithfull) y Peter Asher (hermano de su novia Jane).

John pasó su tiempo entre Alemania y España haciendo su debut como actor en *How I Won the War*, película de Richard Lester —quien había dirigido a los Beatles en *A Hard Day's Night* (1964) y *Help!* (1965)—. Ya de regreso en Londres, el 9 de noviembre asistió a una muestra en la galería Indica llamada *Unfinished Paintings and Objects*; ese día conoció a la artista detrás de la obra, Yoko Ono. Quince días después, los Beatles se reencontraron en Abbey Road para empezar a trabajar en la última canción de John, Strawberry Fields Forever: el comienzo de una nueva etapa.

Las vacaciones de septiembre a noviembre de 1966 fueron el preámbulo de la temporada especial que corona la psicodelia de los Beatles. Es un fenómeno que marcaría una pauta para el futuro de la banda. Los mejores proyectos creativos de los años de estudio surgen después de un tiempo de vacaciones: los tres meses de descanso posteriores al último concierto producen *Sgt. Pepper*; el *White Album* brotó luego del retiro espiritual en la India; y *Abbey Road* nació tras varios meses de intermitentes idas y vueltas después de las frustrantes sesiones de *Get Back/Let It Be*.

Este fenómeno no sólo tiene que ver con acumular canciones durante cierta cantidad de tiempo. Más bien, durante esas vacaciones, los compositores viven experiencias significativas, y como eran una esponja creativa, esas influencias se cuelan inmediatamente en su música. En *Sgt. Pepper* esto queda clarísimo: las clases de sitar de Harrison llevan a WITHIN YOU WITHOUT YOU (y su fascinación con la India tiñe de apatía todo el proyecto de *Pepper*); la película bélica lleva a Lennon de vuelta a la Segunda Guerra Mundial y, con eso, a su infancia y a STRAWBERRY FIELDS FOREVER; la efervescente escena artística de Londres motiva a McCartney a incorporar las influencias clásicas y *avant-garde* que darían como resultado, entre otras cosas, el puente orquestal de A DAY IN THE LIFE.

Sgt. Pepper y *Magical Mystery Tour* encarnan la paradoja que se halla en el corazón de su identidad británica/norteamericana. Son álbumes excesivamente ordinarios y absolutamente extraordinarios que fusionan lo viejo y lo nuevo, lo clásico y lo moderno, el auditorio y el estudio de grabación, lo familiar y lo exótico, el orden y el caos, la alta y la baja cultura.

Hay algunos ingredientes que explican la emergencia de esas paradojas: situaciones interpersonales, avances tecnológicos, estímulos espirituales y paradigmas artísticos. La encrucijada alquímica de todos estos elementos fue el caldo de cultivo de donde brotó la temporada especial de 1967. Comprender los ingredientes de esa alquimia es el objetivo de este capítulo.

You say goodbye and I say hello: cambio en la dinámica de la banda

Durante los primeros años de su carrera, los Beatles eran percibidos como una *colectividad psíquica*, una *falange sensorial*, una unidad de mentes y cuerpos sincronizados. Una anécdota de Roger McGuinn, líder de los Byrds, explica el asunto a la perfección; cuando le preguntó a George Harrison si creía en Dios, la respuesta del Beatle silencioso fue: «Bueno, todavía no sabemos eso»[69].

Eran, en las célebres palabras de Mick Jagger, un monstruo de cuatro cabezas. La dinámica de los Beatles fue un elemento fundamental del magnetismo que irradiaba el grupo durante la Beatlemanía. Como demostraron sus carreras solistas, los cuatro juntos eran mucho más grandes que la suma de las partes.

Matthew Schneider afirma que los Beatles estaban unidos por lazos familiares; por eso, cuando hablaban del final de la banda utilizaban a menudo la palabra "divorcio". En esa familia,

> Lennon y McCartney eran los hermanos mayores en disputa, simultáneamente fascinados y repelidos el uno por el otro, y compitiendo locamente por el primer lugar tanto en el grupo como entre el público de los Beatles. George Harrison era el hijo del medio, taciturno y malhumorado, pero también luchando por ser notado y elogiado por sus hermanos mayores. Ringo era el bebé.[70]

En el centro de la química de los Beatles se encuentra la dupla creativa Lennon/McCartney. John era el letrista más brillante de la banda: un hijo de la tragedia, la desesperación existencial y el abandono que ventilaba su fragilidad, cinismo y desnudez (no sólo poética) sin pudores. Era el NOWHERE MAN que vivía en la tierra de nadie y confesaba: I'M A LOSER, I'M SO TIRED y HELP!

El otro era, en palabras de Lennon, «pura pizza y cuentos de hadas». McCartney era el Beatle musicalmente más capaz y también el más inquieto a nivel artístico y cultural. Paul era un hijo de la madre naturaleza —como dijo en el *White Album*—, un alma feliz y complaciente que había aprendido música porque, según el consejo de su padre Jim, los que sabían tocar el piano eran invitados a las mejores fiestas.

Al menos desde *Rubber Soul*, McCartney desarrolló un estilo de composición de una notable teatralidad, como si fuera un narrador o un cronista.* «Algunas de mis canciones están basadas en experiencias personales, pero mi estilo es esconderlas. [...] Es como escribir una comedia: no hace falta conocer a las personas, se inventan»[71]. El estilo de John, por el contrario, era más confesional y visceral; por eso despreciaba las "canciones de novelista" de McCartney: «Son historias sobre personas aburridas haciendo cosas aburridas: siendo carteros y secretarios y escribiendo a casa. No estoy interesado en canciones de terceros. Me gusta escribir sobre mí, porque me conozco»[72].

John había crecido en una familia inestable y construyó una capa de dureza e ingenio como escudo protector; Paul, que se formó en un entorno confortable y familiar, adoptó una fachada tranquila y afable. McCartney y Lennon eran el día y la noche, el esfuerzo optimista y el pesimismo cínico, la ligereza y la seriedad, la inocencia y la experiencia. «John, adusto y devastadoramente directo, luchaba contra la autoridad y la inhibición en cualquier forma. Paul, un virtuoso con cara de niño, odiaba estar del lado equivocado de alguien»[73]. Uno podía ser superficial y meloso, pero su talento innato y su encanto diplomático funcionaban como un contrapeso perfecto para el escepticismo anárquico y el ácido sarcasmo del otro.[74]

Por supuesto, sus temperamentos no se resumen en una chata bidimensionalidad. Si sólo hubieran sido ese tándem de opuestos irreconciliables, no se hubieran soportado. Aunque era cáustico e ingenioso por necesidad, Lennon era cálido debajo de la superficie, mientras McCartney se presentaba como accesible y amigable,

---

*.   Un estilo compartido por Ray Davies de los Kinks, amante como McCartney del music hall y las tradiciones inglesas.

pero podía endurecerse ante la necesidad. Paul apreciaba el lado suave de John, y éste respetaba la faceta mandona de aquel.[75]

Durante varios años fueron puliendo la interdependencia creativa que los unía. El encuentro entre la inocencia de McCartney y la experiencia de Lennon intensificaba la especificidad de sus respectivas personalidades y estilos. «Quizás esto es lo que hizo que Paul y John fueran una pareja perfecta: cada uno de ellos parecía tener lo que al otro le faltaba»[76].

Mientras se mantuvieron cerca, cada uno aprendió a asimilar la visión opuesta del otro en un tire y afloje constante que enriqueció su paleta emocional y artística y los libró (al menos por un tiempo) de los excesos de sus temperamentos. «La tendencia de Lennon a salirse de control hacia un ingenio salvaje y autocompasivo se veía moderada por la cautela y el optimismo de McCartney», mientras que «el afán de complacer y la cursilería de McCartney tenían que pasar por el guantelete del agudo intelecto de Lennon»[77].

Algunas de las canciones más importantes del catálogo de los Beatles fueron la fusión de un trozo de canción de cada compositor. Como en We Can Work It Out, donde el optimismo de Paul dice «podemos resolverlo» y el desconfiado John le responde «la vida es demasiado corta». El pico de esa colaboración probablemente pueda situarse en febrero del 67', con la publicación de Strawberry Fields Forever y Penny Lane: un single doble lado A que los muestra escribiendo sobre el mismo asunto (la infancia y Liverpool) desde sus respectivas sensibilidades y en pleno vigor creativo.

Después de eso hubo destellos de sinergia, como A Day in the life, un melancólico lamento de Lennon con un feliz *intermezzo* onírico de McCartney. Pero como queda muy claro ya en el *White Album*, sus divergencias artísticas y personales se hicieron más notables (y amargas). Semejante colaboración, por más deslumbrante que fuera, no podía durar; «energías tan titánicas como las de Lennon y McCartney no pueden ser contenidas para siempre. El subproducto inevitable de la competencia entre colaboradores es el resentimiento, que se acumula hasta que alcanza niveles intolerables»[78].

Ambos forjaron su identidad artística bajo la inconsciente sombra de la presencia del otro. Buena parte de lo mejor que los Beatles han dado al mundo brota de esa encrucijada: la tensión permanente entre sensibilidades que luchaban por la supremacía artística y, en esa rivalidad cómplice, elevaban la vara constantemente. Para escalar a nuevas alturas, se necesitaban el uno al otro; pero la sombra de esa dependencia erosionaba la sostenibilidad del grupo en el largo plazo.

Desde los años de los Quarrymen, John era el *primus inter pares* en la democrática dinámica de los Beatles. En una conversación secreta, recuperada en el documental *The Beatles: Get Back*, se escucha que McCartney le dice a Lennon: «El asunto es ese. Vos siempre fuiste el jefe. Yo era una especie de jefe secundario»[79]. Paul había pasado varios años a la sombra de su aura, creciendo como compositor e intérprete; pero llegando a 1967, la dinámica de la banda estaba por cambiar de manera definitiva.

Aunque Lennon ha quedado conectado a la mitología del WORKING CLASS HERO, en realidad fue McCartney quien creció en un hogar de clase trabajadora. Allí aprendió, desde pequeño, una ética del trabajo y el esfuerzo que eventualmente lo convertirían en arquitecto y director musical de la banda, quien los empujaría a fuerza de voluntad por los últimos tres años de su carrera.

En los meses posteriores al final de las giras —y sobre todo después de la muerte de Brian Epstein (27 de agosto de 1967)—, Lennon se volvió «psicológicamente adicto al LSD; lo tomaba a diario y vivía en un largo estado químicamente alterado y apático»[80]. Durante los años siguientes, el ácido no sólo se cargaría su matrimonio con Cynthia Lennon, sino que deprimiría una buena parte de su creatividad e identidad.*

El letargo químico de Lennon abriría una rendija para la emergencia un nuevo *statu quo*. «Mientras el antiguo líder del grupo divagaba en su ensueño psicodélico, su versátil compañero estaba tomando el control —y, afortunadamente para el grupo, lo estaba haciendo mientras se acercaba a la cima de su creatividad—»[81].

McCartney ya venía ganando confianza y espacio como compositor, instrumentista, arreglador y productor musical, pero con el final de las giras, tomó decidida y firmemente el timón de la banda. Sin la iniciativa, la energía, las ideas y la capacidad de conducción de McCartney, quizás no habría *Sgt. Pepper*, y seguramente no existirían el *White Album, Let It Be* y *Abbey Road*. Como dijo Ringo: «De no ser por él, habríamos hecho tres álbumes en vez de ocho»[82]. Posiblemente los Beatles se habrían separado a fines de 1966 (y, con toda probabilidad, después de la muerte de Epstein).

La ansiedad artística de Paul motivó el pico de creatividad de los Beatles. Y aunque «el grupo se benefició inmensamente de su enérgica atención al detalle, esto no lo hizo popular»[83]. El cambio en la dinámica de la banda fue para McCartney algo estimulante y artísticamente productivo, pero también agridulce. En la sesión del proyecto *Get Back/Let It Be* del 6 de enero de 1969 dijo: «Me da miedo ser el jefe, y ya lo he sido durante algunos años»[84].

Ringo perdió interés por el trabajo en el estudio en esta época; lo que más recuerda de las sesiones de *Sgt. Pepper* es haber aprendido a jugar al ajedrez. Desde ese momento, alimentó la nostalgia

---

*. Para una muestra, baste con notar que cuando su mente se liberó por algunas semanas del LSD en el ashram del Maharishi en la India, escribió no menos de catorce canciones (que se convertirían en la médula del *White Album*).

de volver a sentirse como una banda de verdad —deseo que concretó sólo en unos pocos momentos, como la grabación de Yer Blues para el *White Album*—.

Si en agosto del 66', George ya había amenazado con dejar la banda, con el nuevo *statu quo* y su creciente fascinación con la India se volvió aún más apático. Su resentimiento hacia la hegemonía de la dupla de compositores principales, y en especial hacia el nuevo director McCartney, fue en aumento. Casi no participó de las sesiones de *Sgt. Pepper*, y su primera propuesta para ese disco —rechazada en el momento, pero eventualmente incluida en *Yellow Submarine*— fue Only a Northern Song, que con sarcasmo y cero entusiasmo decía:

> Si estás escuchando esta canción quizás podés pensar que los acordes están mal; pero no; simplemente los escribí así. [...] En realidad, no importa si toco un acorde u otro ni las palabras que use ni la hora que sea porque es sólo una *Northern Song.** [...] Si te parece que la armonía es un poco confusa y desafinada, tenés razón; ya te dije que ahí no hay nadie.

John intentó igualar la energía de McCartney por un tiempo, pero bajo la sombra de su depresión, el LSD y el aburrimiento de su matrimonio suburbano, eventualmente dejó de intentarlo.** Con

---

*.   *Northern Songs* era la compañía —fundada por Dick James, Brian Epstein, John Lennon y Paul McCartney en 1963— que publicaba las canciones de Lennon/McCartney (y eventualmente también las de Harrison y Starr). El contrato que firmaron por los derechos de las canciones era, en general, bastante perjudicial para los Beatles, pero en especial para George y Ringo, que compartían sólo un 1,6% de las acciones de la compañía.

**.   Good Morning Good Morning ofrece un sarcástico vistazo a su mundo interior durante este período: «Vas a trabajar aunque no tenés ganas; te sentís deprimido. Cuando volvés a tu casa, empezás a dar vueltas; así que salís a pasear por la ciudad. Todo el mundo sabe que no hay nada para hacer. Todo está cerrado, es una ruina. Todo el mundo está medio dormido y vos seguís solo en la calle».

el paso del tiempo, esto lo llevaría a una apatía general hacia los Beatles, que a través de Yoko Ono se convertiría en una válvula de escape a la libertad. Como expresó en muchas entrevistas durante la década del setenta, Lennon se resintió, pero no se resistió ante el nuevo *statu quo* de la banda. Durante los últimos años de los Beatles, se reinventó como contrapeso creativo al optimismo y la conducción de McCartney.

Painting the room in the colorful way: el estudio de grabación

Hasta mediados de los años sesenta, el estudio de grabación era un simple intermediario que intentaba registrar, de la manera más fidedigna posible, lo que un artista hacía arriba de un escenario. Esa era la visión que tenía George Martin durante los primeros años de los Beatles: «Dar a los fans en un disco, de la forma más rápida posible, lo que podrían escuchar en el escenario»[85]. No había tiempo ni dinero para arreglos sofisticados ni experimentos sónicos.

Así comenzó la carrera de los Beatles en 1962: como un recital de su repertorio. En un día de trabajo grabaron su primer disco. Sin embargo, según Norman Smith, el ingeniero de sonido que los acompañó hasta *Rubber Soul*, los Fab Four intuían ya desde su primeras visitas a Abbey Road algo de la especificidad del dispositivo fonográfico y las posibilidades del estudio de grabación. A diferencia de los músicos clásicos, que llegaban al estudio con sus partituras, los Beatles «trajeron montones y montones de discos desde Liverpool para mostrar [a los ingenieros] qué sonidos querían»[86].

Un revelador mensaje navideño de Paul, grabado a fines de 1963 y dirigido al club de fans de los Beatles, decía: «Mucha gente nos ha preguntado qué disfrutamos más, conciertos, televisión o grabación. Nos gusta hacer espectáculos en el escenario, porque, ya sabes, es genial escuchar a la audiencia disfrutando. Pero lo que más nos gusta es entrar al estudio de grabación para hacer nuevos discos»[87].

En los años siguientes, sus ambiciones artísticas fueron exigiendo cada vez más de George Martin. Hacia 1965, en palabras de McCartney, los Beatles «habían comenzado a tomar el control de las cosas»[88] en el estudio; de hecho, YESTERDAY, que incluyó un cuarteto de cuerdas, fue la primera vez que abandonaron por completo el enfoque en los conciertos para explorar las posibilidades del medio fonográfico. El impresionante éxito comercial de los Beatles les dio un acceso al estudio que casi nadie tenía; como dijo Martin, «nos dieron prácticamente carta blanca en el Estudio 2»[89].

Para 1966, la disociación entre canción y concierto era casi total: los Beatles ya no pensaban sus discos bajo el corsé de lo que podían tocar en vivo. La filmación del concierto del 1 de julio de 1966 en el Nippon Budōkan de Tokio deja en claro la dificultad que tenían para reproducir sobre el escenario algunas de sus canciones más recientes (sobre todo NOWHERE MAN y PAPERBACK WRITER). Algo similar estaba pasándole a otras bandas; ni los Lovin' Spoonful podían interpretar fielmente SUMMER IN THE CITY ni los Yardbirds la pasaban bien tocando SHAPES OF THINGS.[90]

Paul McCartney ha sido muy abierto al respecto de la influencia de *Pet Sounds*, el disco de los Beach Boys, en la creación de *Sgt. Pepper*. Lo ha llamado "el álbum de todos los tiempos". Más allá de la textura sonora y la complejidad de los arreglos, es probable que el aspecto determinante de toda esa influencia haya sido la decisión de Brian Wilson de no hacer más giras con los Beach Boys para dedicarse completamente al estudio de grabación (algo inimaginable para una banda de pop de la época).

Después de abandonar las giras, Wilson pasó finales del 65' y comienzos del 66' arreglando, produciendo y grabando *Pet Sounds*. «Estaba él mismo a los controles, tomando decisiones sobre notas, articulación, timbre, etc. Estaba componiendo efectivamente en la mesa de mezclas y utilizando el estudio como un instrumento musical»[91]. La producción de GOOD VIBRATIONS le llevó más de noventa horas en cuatro estudios diferentes. Semejante currículum se sintió como un desafío para unos Beatles que necesitaban un nuevo horizonte tras el final de las giras.[92]

La separación definitiva entre la grabación y la interpretación se produce en la temporada especial de 1967. Para ese momento habían abandonado toda intención de poder tocar las canciones en vivo. Ya no creaban música para el escenario, sino para el registro; al dar ese salto, «los Beatles inventaron la idea de tratar la grabación de un disco como si fuera una obra de arte. Hacer algo que valga la pena lleva tiempo, así que plantearon un nuevo concepto: el estudio de grabación como un laboratorio compositivo»[93].

Con *Sgt. Pepper* se produce una transición fundamental para la historia de la música popular: «El cambio de la transmisión fonográfica a la composición fonográfica»[94]. Esto no sólo tuvo que ver con sus deseos y búsquedas, sino también, en buena medida, con los avances tecnológicos que los hicieron posibles. «El sistema de cuatro pistas claramente alentó la separación de la grabación y la interpretación en el sentido de que permitió a la banda construir sus arreglos capa por capa, a través de experimentos sucesivos»[95]. El fin de las giras les dio el tiempo y la libertad para experimentar, pero el sistema de cuatro pistas les proporcionó el apoyo tecnológico para la experimentación; si hubieran intentado crear STRAWBERRY FIELDS FOREVER, A DAY IN THE LIFE o I AM THE WALRUS antes de este momento histórico específico, el resultado sería probablemente bastante diferente.

El fin de los compromisos de las giras, un cambio radical en la dinámica de la banda (con un nuevo director artístico que quería demostrar su valía), presupuesto y tiempo de estudio prácticamente ilimitados y una tecnología que acompañaba las ansias de exploración artística fueron el telón de fondo de *Sgt. Pepper*. El estudio de grabación dejaría de ser desde ese momento un mero registro para convertirse en otra cosa; en palabras de George Martin, «se fue transformando en una forma de arte diferente, más parecida a dirigir una película que a dar un concierto»[96].

Peace of mind is waiting there: las drogas y la India

Con el apocalipsis nuclear siempre amenazante en el horizonte y una nueva guerra en el Extremo Oriente, la contracultura de los sesenta buscó nuevos caminos a través de los cuales experimentar el mundo y construir un futuro diferente del que casi había aniquilado a la generación anterior. Dos obsesiones pavimentaron la iluminación existencial de Occidente durante los sesenta: las drogas y Oriente.

Las experiencias de los Beatles con la marihuana se remontan al encuentro con Dylan el 28 de agosto de 1964. Cuarenta días después entrarían al estudio para grabar SHE'S A WOMAN, que contiene la línea «*Turn me on* when I get lonely», su primera referencia al consumo de drogas.[97] Desde ese momento el tema aparecería en su obra cada vez más frecuentemente, pero, para evitar la censura y la cancelación, siempre a través de sugerencias y guiños —una actitud que habían aprendido de los dobles sentidos y los juegos de palabras de Chuck Berry—.

Lennon fue el que más se entregó a las drogas y quien más incorporó sus efectos en la escritura. Además de la marihuana y el LSD (del que se hizo adicto aproximadamente en la época de *Sgt. Pepper*), Lennon tuvo también un período de adicción a la heroína (hacia el final de la carrera con los Beatles).* Varias de las canciones más importantes e imaginativas de su catálogo nacen de su experiencia con las drogas: TOMORROW NEVER KNOWS, STRAWBERRY FIELDS FOREVER, A DAY IN THE LIFE, I AM THE WALRUS.

Oriente es una especie de invento europeo, ha dicho Edward W. Said, «y ha sido desde la antigüedad un lugar de romance, seres exóticos, recuerdos inquietantes y paisajes, experiencias notables»[98], esplendor, filosofía, sensualidad y sabiduría. El *orientalismo*, en la terminología de Said, percibe a Oriente como un Otro exótico, el reverso de la "normalidad" de Occidente.

La religión y la música de la India, las telas y los artefactos exóticos, los mitos y el arte, hasta las mismas palabras sánscritas se convirtieron en los sesenta en piedras angulares de una búsqueda espiritual y estética: un fascinante universo de chakras, dharma, nirvana, thangkas, karma y asanas. La India fue un destino existencial para el movimiento hippie, una meca «de opio y hachís ilimitados, y una tierra de gurús sentados bajo cada árbol que podían guiar a los devotos hacia el mágico mundo de una realidad alternativa y una exploración del Yo Interior»[99].

La conexión entre India y estupefacientes se fortaleció cuando vio la luz, en 1964, *The Psychedelic Experience*. Timothy Leary y sus colegas establecieron un vínculo estrecho —y supuestamente avalado por la academia— entre el consumo de drogas y la experiencia espiritual que gurús y místicos orientales predicaron por siglos. A la luz de ese descubrimiento, Leary comenzó a predicar una idea que se volvería lema de la contracultura: *Turn on, Tune*

---

*. COLD TURKEY, la primera canción publicada sólo con su nombre, es un testimonio de ese tiempo: «Treinta y seis horas rodando de dolor, rezándole a alguien: "¡Libérame de nuevo! Oh, seré un buen chico, por favor, hazme sentir bien. Te prometo cualquier cosa, sólo sacame de este infierno"».

*in, Drop out.** «Ya no era necesario pasar años de entrenamiento, austeridades o meditación: una pastilla, un cubo de azúcar o una calada en un chillum harían el truco. Ahora todos podían emprender el viaje hacia el Yo Interior que cambiaría las percepciones de la realidad y llevaría hacia el moksha, el nirvana y la iluminación»[100].

Técnicas como la meditación trascendental del Maharishi Mahesh Yogi —que los Beatles explorarían en 1967-1968— reforzaban esta noción de consumo de la experiencia espiritual. Aunque extraía sus enseñanzas de la corriente principal del hinduismo, el Maharishi logró comercializar su movimiento en Occidente al librarlo de cierto ropaje religioso que resultaba inaceptable al público occidental: el politeísmo, los rituales, los textos sagrados o la vida monástica. Su iluminación «podía ser practicada sin remordimientos por el devoto europeo o norteamericano sin cambiar su profesión ni su estilo de vida acomodado. Y era fácil, sólo requería un compromiso de 15 a 20 minutos dos veces al día»[101].

La complementariedad simbólica entre drogas e India fue uno de los mantras (valga la redundancia) de la segunda mitad de los sesenta. La retroalimentación iba en ambas direcciones. En primer lugar, las drogas (y el LSD en particular) no eran vistas entonces como un mero placer individual (mucho menos como una adicción); eran sobre todo, como escribió Jeff Nuttal en 1968, «una herramienta revolucionaria para inspirar»[102] y conducir a la iluminación. El caso de Harrison comprueba esto; según su propio testimonio, fueron sus experiencias con el ácido lisérgico en 1965 las que lo despertaron a una búsqueda espiritual que eventualmente lo conduciría al hinduismo.

Al mismo tiempo, «la música clásica del norte de la India, con su sentido del tiempo expandido, su percibida repetitividad y los

---

*.   Conéctate, sintoniza, abandona.

hipnóticos armónicos del zumbido del tambura»[103] se convirtieron en un código de la contracultura, el sonido ambiental que acompañaba la experiencia psicodélica. Una canción como RAIN, publicada como single en junio de 1966, usa clichés de la música india (como las ornamentaciones o *gamaka*) para crear el ambiente sónico de un viaje lisérgico.

La lluvia, canta Lennon, «es sólo un estado mental»; Harrison lo diría de una forma más clara en WITHIN YOU WITHOUT YOU: la realidad que perciben los sentidos es puro *māyā*, un *muro de ilusión* detrás del que la gente se esconde sin poder llegar a la iluminación. Pero los iniciados, los que han logrado descubrir la unidad de la vida (*advaita*) y percibir la verdad (*satiá*), pueden animarse a la utopía cósmica.[104] «Con nuestro amor podríamos salvar el mundo», escribió George, y para John la cosa también parecía muy fácil: «Todo lo que necesitás es amor».

A *long, long time ago*: visitar el pasado para hacer música del futuro

La estética de la temporada especial de 1967 está anclada en una paradoja temporal. De muchas maneras, los proyectos que llegarían a ser *Sgt. Pepper's Lonely Hearts Club Band* y *Magical Mystery Tour* son un viaje al futuro a través del pasado, una estrategia poética que dialoga con tres grandes referencias: la infancia, el music hall y la música clásica.

Ya desde *Rubber Soul*, los Beatles fantaseaban con la idea de hacer un disco semi-autobiográfico que tuviera como telón de fondo su infancia en el norte de Inglaterra. En una entrevista para el *New Musical Express*, McCartney habló de IN MY LIFE y dijo que la letra, una colaboración entre Lennon y él, hablaba «sobre los lugares en Liverpool donde nacimos. [...] Lugares como Penny

Lane y Dockers' Umbrella tienen un sonido agradable, pero cuando los unimos en una composición sonaron forzados, así que lo abandonamos»[105].

El concepto de la infancia en Liverpool es el tema que unifica las canciones con las que comienza el proyecto psicodélico de 1967: STRAWBERRY FIELDS FOREVER y PENNY LANE. Y, aunque algunas veces Paul lo ha negado, es un motivo que sigue apareciendo como un dispositivo poético en varios momentos de *Sgt. Pepper*: la evocación de las lecturas infantiles de John, en particular Lewis Carroll (LUCY IN THE SKY WITH DIAMONDS); la crítica a los profesores anticuados y represores (GETTING BETTER) y la mención a la «vieja escuela. No cambió nada, todo sigue igual» (GOOD MORNING GOOD MORNING); el concierto del circo que inspiró BEING FOR THE BENEFIT OF MR. KITE! sucedía en Rochdale, no muy lejos de Liverpool; WHEN I'M SIXTY-FOUR es, en palabras del mismo McCartney, una parodia de la vida del norte; y la sección de Paul en A DAY IN THE LIFE es un recuerdo tomado directamente de su juventud en Liverpool. La misma ropa de los Beatles en *Sgt. Pepper*, que evoca las orquestas de viento de la época eduardiana, remite a las ociosas tardes de domingo en el parque de la clase obrera de Liverpool.[106] «Los motivos de la "infancia del norte" en *Sgt. Pepper* son demasiado omnipresentes para ignorar, estén o no coordinados activamente»[107].

Más allá de STRAWBERRY FIELDS FOREVER y PENNY LANE, en *Magical Mystery Tour* también hay varias referencias a la infancia en el norte. En I AM THE WALRUS, Lennon profundiza mucho más en los guiños a *Alicia en el país de las maravillas*. YOUR MOTHER SHOULD KNOW habla de una canción antigua que «tu madre debe saber». El concepto mismo que da título a la primera canción, al disco y a la película es un recuerdo de la niñez en Liverpool por partida doble. En primer lugar, porque remiten a unos viajes en autobús con destino incierto (llamados "Mystery tour") que eran comunes cuando eran niños entre la gente de clase trabajadora del norte de Inglaterra. En segundo lugar, porque el proyecto de *Magical Mystery Tour* está rodeado por una atmósfera de carnaval; McCartney describió, de hecho, toda esa época creativa como su *período de feria*, un ambiente inspirado en sus recuerdos infantiles: «Cuando era niño, iba frecuentemente al parque de diversiones; había bailarines y autitos chocadores, pero lo que más me interesaba era el espectáculo de rarezas: las cabinas de boxeo, la mujer barbuda y la oveja de cinco patas (que en realidad era una oveja de cuatro patas con una pata cosida)»[108].

El retorno de los Beatles a su infancia es un mecanismo poético que tiene varias aristas y posibles lecturas. Sin dudas, es una estrategia que refuerza la conexión que existe entre el *ethos* de los Beatles y el romanticismo de finales del siglo XVIII y principios del XIX; por su exaltación de la sencillez, la emoción y la autenticidad, la infancia era uno de los temas predilectos de los poetas románticos.[109] Es quizás un ejercicio de nostalgia que homenajea las tradiciones inglesas, al tiempo que se distancia irónicamente de ellas.[110] Tal vez es «signo de una conciencia historicista emergente al respecto del rock británico mismo»[111]. A lo mejor, a nivel simbólico e inconsciente, exprese cierta nostalgia por el lento desvanecimiento del Imperio británico y su reconversión como un nuevo y globalizado imperio *soft* de valores y estilo de vida.[112]

Sea como fuere, esta fascinación con el pasado tiene mucho que ver con Paul:

Desde las canciones de los Beatles como HONEY PIE, MARTHA MY DEAR, WHEN I'M SIXTY-FOUR, YOUR MOTHER SHOULD KNOW, ROCKY RACCOON, MAXWELL'S SILVER HAMMER hasta sus canciones en solitario posteriores, incluyendo HANDS OF LOVE, YOU GAVE ME the Answer, She's My Baby, Famous Groupies, Baby's Request, Average Person, todas reflejan y se basan en una tradición de "entretenimiento familiar" que abarca las convenciones de canto colectivo de music hall/vaudeville, las canciones de espectáculo de Fred Astaire y Jack Buchanan, el humor de las postales de playa de Donald McGill, la emoción comunal de los Mystery Tour, la habilidad con el ukelele de George Formby y las letras afectadas de Noel Coward.

La obsesión de McCartney con la cultura popular del pasado atraviesa toda su carrera, pero tiene en este tiempo un punto álgido de expresión. Un lugar central en el dispositivo poético de la temporada especial de 1967, uno que tiene que ver explícita y casi exclusivamente con Paul, es la recuperación de una tradición teatral y musical *que era un éxito antes de que naciera tu madre*: el music hall. Esto se debe, en buena medida, a la influencia de su padre, quien había sido director de una orquesta e intérprete de music hall. Jim McCartney cumplió sesenta y cuatro años unos meses antes de que Paul propusiera grabar When I'm Sixty-Four, una canción que había escrito una década antes y que encarna musical y conceptualmente la esencia del music hall.

Desde la segunda mitad del siglo XIX, el music hall dominó la cultura popular británica y lo siguió haciendo hasta la década de 1920. Progresivamente, sin poder competir con las nuevas fuentes de entretenimiento (el fonógrafo, el cine, la radio), se fue extinguiendo, pero incluso en los años cincuenta, los padres seguían cantando canciones de music hall a sus hijos. Esa huella tradicional no sólo se ve en las canciones de McCartney, sino que emerge también en el rock y el pop inglés (de hecho, ya un poco antes, en canciones de los Kinks como Well-Respected Man y Dedicated Follower of Fashion).

El music hall era un tipo de espectáculo estrechamente ligado a los valores y las realidades de la vida cotidiana de la clase trabajadora británica: el alcohol, las aventuras románticas, el matrimonio y las suegras, los amigos de toda la vida y las vacaciones al lado del mar. Fue un medio que documentó y confirmó el estilo de vida de la clase obrera británica de la primera mitad del siglo XX.[113] Como el vodevil norteamericano, ofrecía todo tipo de actos: actores, bailarines, comediantes, magos, cantantes, ventrílocuos, artistas de circo, etc.[114]

El habitus cultural en el que sucedió la infancia de los Beatles —nacidos en familias obreras*— incluye el music hall. Antes del estallido de la Beatlemanía, Brian Epstein envió a los Beatles de gira por Inglaterra en compañía de otros números musicales, incluidas algunas estrellas en declive del music hall. Su contacto con esos artistas no sólo influenció su comportamiento escénico —el humor juguetón de la banda y el saludo formal sincronizado al final de los conciertos, por ejemplo—, sino que ancló la frescura de su rock and roll norteamericano a una tradición cultural británica.[115]

Para la época de *Sgt. Pepper*, los Beatles estaban hartos de los conciertos y de la Beatlemanía. Querían reinventarse. En medio de una época de recuperación nostálgica de la infancia, encontraron en el music hall un modelo artístico para imaginar una nueva identidad como banda. Roger McGough, un poeta de Liverpool, dijo que en esta época los Beatles «empezaron a inspirarse en cosas como las rimas que cantábamos en la calle y en viejas canciones que nuestros padres recordaban de los tiempos de los music hall. Liverpool no tenía una mitología hasta que ellos la crearon»[116].

---

*. Esta descripción es más precisa en los casos de Harrison y McCartney que en los de Lennon (que era de una clase un poco más acomodada) y Starr (que provenía de una familia más pobre que el resto).

Estaban intentando, una vez más, una paradoja temporal: caminar hacia el futuro a través del pasado, abrir camino a la música popular del mañana haciendo pie en la música popular de ayer. El encuentro entre «el music hall y el rock crea dicotomías inquietantes entre la alta y la baja cultura, así como entre la vieja guardia y la floreciente cultura joven»[117].

El music hall permea la temporada especial de 1967: WHEN I'M SIXTY-FOUR y YOUR MOTHER SHOULD de McCartney en especial, pero toda la estética y el ambiente de *Sgt. Pepper* en general. Esto se puede ver en canciones como BEING FOR THE BENEFIT OF MR. KITE! y FIXING A HOLE —que se valen de la tecnología de vanguardia de Abbey Road para recrear sónicamente una atmósfera antigua—, en la colorida ropa que los Beatles usan en la portada, en las figuritas militares del interior del arte del disco, en los arreglos de viento y el estilo vocal robusto y excéntrico de la canción que abre el espectáculo, etc. «Así como el music hall fue una vitrina para la clase trabajadora británica, *Sgt. Pepper* provee una vitrina para el consumidor de pop moderno y el miembro de la contracultura. En ese sentido, *Sgt. Pepper* funciona como el music hall para la cultura joven de los sesenta»[118].

El tercer referente en esta poética tironeada entre el pasado y el futuro es la música clásica. Los Beatles fueron incorporando cuerdas y otros instrumentos asociados con el mundo clásico en algunas grabaciones —como el cuarteto de cuerdas de YESTERDAY (1965) o el octeto de cuerdas de ELEANOR RIGBY (1966)—. El uso de cuerdas en una grabación de música rock era visto en esta época como algo reaccionario y tradicionalista: un recurso usado hasta el cansancio por el insulso pop de los cincuenta (contra el que se había rebelado el rock and roll). Los Beatles nunca utilizaron los típicos colchones de cuerdas lavadas que eran el estándar en la música mainstream;* más bien, su referente clásico es la música de cámara. Además de la instrumentación, también recuperan del clasicismo texturas y recursos (como los Lieder, los ostinatos o los contrapuntos).[119] Para fines de 1966, la incorporación de la música clásica llega a su punto máximo en la obra de los Beatles, con la asistencia y guía de su productor, George Martin.

Esta es también su época de mayor interés en la psicodelia, una música que proveía la banda sonora para la experiencia lisérgica y el descubrimiento interior. Clasicismo y psicodelia representaban, a mediados de los sesenta, dos ideales estéticos aparentemente irreconciliables: la música del pasado y la del futuro. «La música clásica refleja lucidez y sobriedad. En contraste, la psicodelia se asocia con estados alterados de conciencia: alucinaciones, sueños o lo sobrenatural»[120]. Es una contradicción que refleja la tensión creativa entre los compositores principales: McCartney es quien más se adentra en la música clásica, mientras que Lennon es el principal explorador de la estética psicodélica. De esta particular intersección surge, en palabras del musicólogo israelí Naphtali Wagner, una *síntesis psicoclásica* que alcanza su punto de mayor lucidez en *Sgt. Pepper* y *Magical Mystery Tour*.

Nothing you can sing that can be sung: intertextualidad y dialogismo

Mijaíl Bajtín (1895-1975) fue un filósofo y teórico de la literatura ruso que estudió y admiró la novela como género literario, en especial a autores como François Rabelais, Jonathan Swift y Fiódor

---

*. De hecho, la versión lavada y popera de THE LONG AND WINDING ROAD, arreglada por Phil Spector —usando dieciocho violines, cuatro violas, cuatro violonchelos, tres trompetas, tres trombones, dos guitarras y un coro de 14 mujeres— desagradó tanto a McCartney que la citó como uno de los seis motivos que justificaban su decisión de disolver la banda.

Dostoyevski. Reconocía en obras como *Gargantúa y Pantagruel* (1534), *Los viajes de Gulliver* (1726) o *El idiota* (1869) una cualidad bastante inasible, pero que lo permeaba todo: una inmensa capacidad para tender puentes hacia todas las direcciones e incorporar todo tipo de voces.

Bajtín llamó *dialogismo* a esa cualidad inasible. Ningún texto es totalmente homogéneo: siempre está formado por los ecos, más cercanos o lejanos, de un infinito *tejido* de *textos*. Toda producción cultural es un espacio fracturado entre registros, estilos y géneros. «En todo discurso se perciben voces, a veces infinitamente lejanas, anónimas, casi impersonales (voces que acompañan los matices léxicos, los estilos, etc.), casi imperceptibles, así como voces cercanas que suenan simultáneamente al momento del habla»[121].

No siempre las referencias son explícitas o evidentes. Para poder captar estos ecos, los intérpretes deben participar activamente llenando los huecos que dejan los textos. El intérprete competente es aquel que tiene una enciclopedia mental lo suficientemente amplia como para detectar referencias cercanas o lejanas; por el contrario, quien carece de esas competencias, puede perderse de algo en el proceso (una alusión, un guiño, un doble sentido, una parodia) o incluso fallar por completo en su comprensión. Una *obra abierta*, en palabras de Umberto Eco, obliga a los intérpretes a salir de la pasividad: «Cuando un texto no deletrea específicamente su significado se desarrolla un lugar para que el lector contribuya en la producción de significado»[122].

En un sentido general, todo texto es dialógico: ninguna voz aparece de la nada. Pero, en un sentido particular, algunos textos enfatizan este aspecto y lo proponen como una característica clave de su poética. Más que una definición precisa y rigurosa, el *dialogismo* le sirve a Bajtín como un paraguas para explicar fenómenos que son, para él, el antónimo del *monólogo*. Si las tendencias *monológicas* buscan erradicar toda diferencia, los impulsos *dialógicos* habilitan la coexistencia de una multiplicidad de voces —incluso cuando son contradictorias o discordantes—. La fascinación de Bajtín con la novela tenía mucho que ver con el hecho de que veía en ella una inmensa elasticidad para poder incorporar, en un producto artístico, la polifonía de voces que componen la realidad de una manera múltiple, honesta y novedosa.

El concepto de *dialogismo* tuvo una enorme influencia en la teoría literaria y la crítica cultural posterior. La filósofa búlgara-francesa Julia Kristeva introdujo a Bajtín a Occidente y acuñó una categoría que le debe mucho: la *intertextualidad*. En otras palabras, «la miríada de formas conscientes en las que los textos son aludidos o citados en otros textos: la densa red de citas, referencias sutiles, imitaciones o refutaciones polémicas»[123]. La intertextualidad (en forma de collage, pastiche, parodia, reescritura, etc.) es una de las características distintivas de la estética posmoderna: una estrategia de reciclaje de elementos, estilos y períodos previos de los que brota una obra nueva.[124]

Siguiendo la huella de Bajtín, otros autores propusieron categorías análogas. Derrida, por ejemplo, habló de *diseminación* o *injerto*, y Harold Bloom reflexionó sobre la *influencia* y la angustia que esta proyecta en las generaciones que crecen bajo el magisterio de un artista del pasado.

Quien abordó el tema de manera más metódica fue probablemente Gerard Genette, que acuñó la metáfora del *palimpsesto*: allí «se ve, sobre el mismo pergamino, cómo un texto se superpone a otro al que no oculta del todo, sino que lo deja ver por transparencia»[125]. En mayor o menor grado, toda obra trae otras obras a la memoria, dice Genette; en las "transparencias" de un texto podemos ver filtradas las voces a las que responde, con las que dialoga, a las que imita o desafía.[126]

Además de la incorporación directa de otros textos (lo que sería específicamente *intertextualidad*), hay varias estrategias creativas que enfatizan el eclecticismo dialógico. Ian Marshall reconoce al menos seis:[127]

- *Mezcla de géneros*: incorporación de otros estilos y apertura a elementos asociados con otros géneros artísticos.
- *Novelización*: admisión de puntos de vista y experiencias independientes a la subjetividad personal del narrador/autor.
- *Zonas de personajes*: cosmovisiones y estilos (asociados a diferentes personajes) que crean subjetividades dentro del mismo texto y posibilitan la polifonía.
- *Carnavalización*: atmósfera de celebración, abundancia e insolencia que surge de la interacción entre perspectivas del mundo diferentes; se favorecen la mixtura, el cambio de roles, el uso de máscaras y el desafío de la autoridad.
- *Cronotopos*: rechazo del tiempo y el espacio objetivos, en pos de la búsqueda de una percepción subjetiva de estos elementos.
- *Finales abiertos*: ambigüedad o falta de conclusión de una obra que sugiere que el diálogo siempre puede continuar.

La vaporosa e inasible cualidad que Bajtín reconocía en las novelas de Rabelais, Swift y Dostoievski es precisamente la misma que los Beatles llevaron a su plenitud en otro género literario: la canción popular.

Uno de los grandes legados de los Beatles fue la ampliación de los límites de la música pop. Por la masividad de su distribución y su industrial modo de producción, la tendencia del pop ha sido mucho más monológica que dialógica; en ese sentido, el dialogismo no fue el responsable de la Beatlemanía ni de su llegada a la fama. No obstante, fue una característica que contribuyó directamente a su espíritu de innovación y vanguardia, al reconocimiento de la crítica y a su vigencia ininterrumpida.

«Uno es aquello que come, aquello que ve, aquello que toca, aquello que huele y escucha», dijo Harrison; «pienso que como Beatles fuimos afortunados porque estábamos abiertos a todo tipo de música, escuchábamos cualquier cosa que pasaran en la radio»[128]. En la misma línea, McCartney afirmó: «Nunca vi ninguna diferencia entre una bella melodía y una bella canción de rock and roll. Aprendí a apreciar el género balada por mi padre y mis parientes: 'TILL THERE WAS YOU y MY FUNNY VALENTINE tenían lindas melodías. El hecho de que no nos avergonzáramos de estas inclinaciones nos permitía ser un poco más eclécticos»[129].

Los Beatles maduraron tendiendo puentes hacia otros textos. Citaron, releyeron, reescribieron, parodiaron y aludieron a todo tipo de voces con una libertad y flexibilidad insólitas para la música popular de su tiempo. Su discografía está marcada por un impulso dialógico que se va haciendo cada vez más notable y estratégico con el paso de los discos.

Lo mejor de su obra dialoga constantemente con otras obras y consigo misma. Su tiempo en Hamburgo fue clave en el desarrollo de este eclecticismo. Por necesidad, incluían en su repertorio todo tipo de canciones: «Tocaban durante seis horas, en las que debían además estar constantemente animando el show. Para llenar tanto tiempo de escenario, los Beatles aprendieron toda canción que pudieron encontrar»[130]. Se ha calculado que para finales de 1962, los Beatles habían tocado unas ochocientas horas en cuatro clubes alemanes diferentes.

El logro estético más importante de la temporada especial de 1967 es la completa maduración de esta poética (literaria y musical) ecléctica. Nada de lo que pueda ser cantado queda fuera de la canción. Ningún tema, estilo, actitud o posibilidad es vista como inapropiada. Materiales propios y ajenos, tradiciones usualmente incompatibles, «conversaciones oídas al pasar, anécdotas, títulos de periódicos, libros esotéricos, afiches, sueños, comerciales de televisión, pinturas y ocurrencias cotidianas», además de «música oriental, jazz *avant-garde* o música concreta, y la experimentación con las posibilidades de la manipulación de la cinta magnética»[131], todo el mundo cabe, a partir de esta época, en el espacio de una canción.

Rastrear influencias y diálogos debajo de la superficie de una obra artística puede ser un trabajo gratificante y fructífero, pero también errático y narcisista. Cuanto más lejano sea el eco y menos explícito sea el intertexto, más complejo es dilucidar la referencia. Además, «aun cuando la competencia del oyente permita reconocer una cita en una obra (como caso de intertextualidad), difícilmente esta habilidad será suficiente para dar una explicación de la intención del compositor al haberla introducido»[132]. La sobreinterpretación y la imposición de una narrativa que desfigure los fenómenos intentando explicarlos son siempre peligros al acecho.

En el caso de los Beatles, esta reconstrucción de influencias es particularmente escabrosa, ya que ellos mismos se caracterizaban por una actitud reacia y paródica hacia las interpretaciones excesivamente articuladas de su obra. «Cada vez que un periodista me pregunta: "¿Usted estudió algo?" —estudié un poco de literatura, no mucho—, yo digo: "Oh, sí, sí, Shakespeare", y cito siempre "Sé fiel a ti mismo"»[133], dijo Paul haciendo referencia a *Hamlet*. El más esquivo a las interpretaciones fue, sin duda, John; I AM THE WALRUS es, de hecho, una canción escrita explícitamente para confundir a sus analistas.

Para evitar la sobreinterpretación de ecos lejanos y reconstruir con cierta precisión el telón de fondo de la obra de los Beatles, conviene apoyar toda interpretación en la infinidad de comentarios que John, Paul, George, Ringo y sus colaboradores más cercanos ofrecieron en incontables entrevistas durante su carrera y después de la disolución de la banda. Aunque los testimonios no siempre son coherentes entre sí, ofrecen un mapa invaluable para entender sus estrategias artísticas, en especial, la intertextualidad dialógica que emerge en sus mejores años.* «Quizás esto sea lo más cercano a lo que podamos llegar de entender cómo fue que los Beatles conjuraron su magia compositiva»[134].

The man of a thousand voices: parodia, textos encontrados y aleatoriedad

Tres estrategias poéticas sobresalen en la actitud dialógica de los Beatles.

La primera es la parodia, que «no es la transformación directa de un texto individual, sino la evocación de otra obra u estilo desde una distancia crítica»[135]. Esa distancia establece una mirada lúdica, irónica, que puede oscilar desde una actitud juguetona hasta una cáustica hacia el material original. La parodia no tiene que ver necesariamente con el humor, sino con una "trans-contextualización" irónica: una reelaboración de los elementos formales de una obra anterior para crear una obra nueva.[136]

---

*   Algunos textos esenciales: Davies (1996), Dowlding (1989), Emerick (2007), Giuliano (1994), Ingham (2003), Lewisohn (1988 y 1992), MacDonald (2008), Mackenzie (1998), Martin & Pearson (1994), McCartney & Muldoon (2021), Miles (1997), Norman (1981), Robertson (1994), Schaffner (1978), Spizer (2000a, 2000b, 2003 y 2004), The Beatles (2000), Unterberger (2000). Mención especial a tres sitios web dedicados a reconstruir minuciosa y enciclopédicamente la obra de los Beatles: *TheBeatles.Org* (ya desaparecido), *The Beatles Bible* de Joe Pepper y *Beatles Music History* de Dave Rybaczewski.

Su actitud paródica e irreverente constantemente extendía los límites de los géneros musicales, quitaba autoridad a las distinciones entre alta y baja cultura, y desarticulaba sin pudores los esquemas creativos predefinidos. Ese descaro —que fue una parte esencial de su encanto durante la Beatlemanía y un motivo detrás de sus interminables inquietudes creativas— es una demostración del cinismo británico y de la proverbial desfachatez asociada con Liverpool. La cultura norteamericana, que a menudo no entendía ese código del *ethos* inglés, solía tomar demasiado en serio y con excesiva literalidad las letras y declaraciones sarcásticas de los Beatles.*

El *White Album* —con su galería impúdica de géneros musicales, sus complejas reescrituras, su irreductible sarcasmo y su irreverente fusión de fuentes— marca el punto más alto del uso poético de la parodia en la discografía de los Beatles: Back in the USSR parodia a Surfin' USA, la canción de los Beach Boys (que era, a su vez, un tributo a Back in the USA de Chuck Berry); Sexy Sadie incluye armonías en falsete que recuerdan a Frankie Valli and the Four Seasons; en Helter Skelter, Paul usa un estilo de canto gritado similar al de Little Richard; Rocky Raccoon y Don't Pass Me By parodian la cultura western; Blackbird y Mother Nature's Son imitan el sonido folk de artistas como Bob Dylan y Joan Baez; el harpsicordio de Piggies es seudobarroco; Martha My Dear y sobre todo Honey Pie parodian el music hall (cosa que McCartney ya había hecho en *Sgt. Pepper* y *Magical Mystery Tour*); Ob-La-Di, Ob-La-Da es una relectura paródica del calypso jamaiquino y Goodnight hace algo similar con el

---

*.   Una interpretación poco generosa de una declaración de Lennon —«Ahora somos más populares que Jesús»— llevó a que algunos grupos del sur de Estados Unidos cancelaran a los Beatles (con amenazas de muerte del Ku Klux Klan incluidas), mientras que una interpretación esquizofrénica de Helter Skelter de McCartney motivó a la familia Manson a matar a seis personas en Los Ángeles en agosto de 1969.

género *torch song* de los años treinta; The Continuing Story of Bungalow Bill es una extraña canción infantil y Yer Blues un blues poco convencional.

La segunda tiene mucho que ver con Lennon. Hacia 1966 fue desarrollando un estilo de composición de canciones heredero de los *objets trouvés* de Marcel Duchamp: recuperar objetos de la vida cotidiana que no tienen un propósito ni un valor artístico y transformarlos en obras de arte sin ocultar ni disimular su origen.

La primera irrupción clara de estos objetos encontrados en la obra de los Beatles es Tomorrow Never Knows. La canción que cierra *Revolver* recupera sin culpas un fragmento completo de *The Psychedelic Experience: A Manual Based on the Tibetan Book of the Dead* de Timothy Leary, Richard Alpert y Ralph Metzner. Lennon empieza la canción con una frase encontrada en la introducción del libro: «Whenever in doubt, *turn off your mind, relax, float downstream*».

A partir de entonces, el método se repetiría (sobre todo en las composiciones de John) con resultados siempre notables. En *Sgt. Pepper*, hay varias canciones fruto de objetos encontrados: Lucy In The Sky With Diamonds nació de un dibujo hecho por Julian Lennon; She's Leaving Home y A Day in the Life están escritas a partir de noticias del periódico; Being for the Benefit of Mr. Kite! es una cita bastante literal de un póster de un circo; Good Morning Good Morning es una transformación poética de un comercial de televisión. Varias canciones del *White Album* nacieron de *objets trouvés*. Harrison contribuyó con dos: While My Guitar Gently Weeps —la primera frase que encontró al abrir el *I Ching* fue precisamente «gently weeps»— y Savoy Truffle —que toma buena parte de su letra de una caja de chocolates Good News de la empresa Mackintosh's—. Lennon colaboró con Happiness is a Warm Gun —también motivada por algo que vio en el periódico—, CRY BABY CRY —inspirada por una publicidad— y JULIA —que por momentos parafrasea un poema de Khalil Gibran—. Paul aportó GOLDEN SLUMBERS a *Abbey Road*, una reescritura del poema "Cradle Song" de la comedia *Patient Grissel* de Thomas Dekker, un poeta inglés del siglo XVII.

El dialogismo de los Beatles conduce, finalmente, a la libre asociación, la aleatoriedad y la permeabilidad a todo tipo de estímulos: periódicos, carteles, publicidades, fragmentos de conversaciones, tratados religiosos, sueños, cartas. La vida irrumpe en el arte. Esto supuso una ruptura frontal con la narrativa tradicional de la canción pop, que prefería las historias monológicas, lineales, pautadas y asépticamente distinguibles de la realidad. La grabación multipista favoreció en la obra de los Beatles el interés por lo impredecible (por encima de lo estandarizado) y por lo caótico (por encima de lo planificado). El error controlado se vuelve en este tiempo su aliado creativo por excelencia; en esa época «conservábamos los accidentes»[137], confesó Paul.

A los Beatles les gustaba rodearse de un continuo murmullo mediático de periódicos y revistas dispersos y radios y televisores que murmuran permanentemente. Aparte del hecho de que les divertía vivir así, deleitándose con las coincidencias y los choques entre alta y baja cultura, valoraban la simultaneidad por sus referencias cruzadas aleatorias que sugerían ideas que de otro modo no se les habrían ocurrido. Muchas canciones de los Beatles surgieron de encuentros casuales entre recortes de los periódicos del día y jugueteos semiatentos con pedazos de canciones en la radio. Además, a medida que ganaban más confianza, incrementaron este factor aleatorio haciendo uso regular de ocurrencias accidentales durante la grabación.[138]

Sin embargo, dice también Ian MacDonald, el mismo principio de azar y dialogismo frenético que motivó algunas de sus mejores canciones y su período creativo más fértil, fue también la raíz de algunos de los problemas más estructurales de su poética en este período. MacDonald afirma que hacia mediados de 1967 —poco después del lanzamiento de *Sgt. Pepper*, trabajando ya en lo que sería *Magical Mystery Tour*—, los Beatles estaban tan deslumbrados por las posibilidades de la aleatoriedad y tan confiados en la objetividad de su brújula creativa que se volvieron perezosos, negligentes y autocomplacientes. «Su entusiasmo por lo aleatorio, que había comenzado como un sensato instinto para capitalizar errores fortuitos, estaba comenzando a degenerar en una disposición para aceptar más o menos cualquier cosa, por absurda o irrelevante que fuera, como divinamente dispensada»[139].

Algunos ejemplos de este período ilustran la situación. Para la transmisión global de ALL YOU NEED IS LOVE (que fue vista por más de 400 millones de personas), los Beatles tocaron en vivo sobre una pista de acompañamiento; según los testimonios, los ingenieros del Olympic Sound Studios de Londres estaban sorprendidos por la negligencia con la que realizaron la mezcla final. Durante esas mismas sesiones, Harrison (que nunca antes lo había hecho), insistió en tocar el violín. Hablando de la película *Magical Mystery Tour*, George Martin explicó: «Estaban pasando por un período aleatorio. "Si Lawrence Olivier entra al estudio, lo grabamos y va a ser genial". Es el tipo de cosas que muestran la influencia de John Cage»[140].

La excesiva confianza de los Beatles en la providencia creativa del azar y en su propio oficio como compositores generó entonces un clima de autocomplacencia lírica y musical que, en ocasiones, los llevó por debajo de su estándar. Sin embargo, también los llevó a explorar antes que nadie las posibilidades de la estética posmoderna. Por ese motivo, autores como Ed Whitley, Nicholas Schaffner, Ian Inglis, Allan Kozzin, Henry Sullivan, David Quantick, Ian Marshall, Devin McKinney o Jeffrey Roessner sostienen que el *White Album* es un disco posmoderno, quizás el primero de la historia: un álbum «que usa la fragmentación y la mezcla de géneros para evadir deliberadamente las posibilidades de unidad y significado monolítico»[141].

Strawberry Fields Forever y *Penny Lane*: la síntesis de una poética

Aunque analizaré detalladamente cada canción más adelante, quiero cerrar esta radiografía de época con un pantallazo de STRAWBERRY FIELDS FOREVER y PENNY LANE. Los hilos de evolución creativa que delineé hasta aquí colisionan en este single doble lado A, publicado en febrero de 1967, que tomó una increíble cantidad de tiempo para su grabación: 105 horas. Son las canciones con las que comienza la temporada especial, las que logran una síntesis de la poética cultivada por los Beatles en discos anteriores y las que definieron el norte del álbum que eventualmente se llamaría *Sgt. Pepper's Lonely Hearts Club Band*.

El motivo por el cual no formaron parte de *Sgt. Pepper* fue una decisión de los Beatles, en acuerdo con su mánager Brian Epstein y su productor George Martin: «Habíamos resuelto dar al público comprador un buen valor por su dinero. Acordamos que si una canción se había lanzado como un single exitoso, deberíamos intentar no usarla como un vendedor cínico en un álbum posterior. A nuestro modo de ver, esto era pedir a la gente que pagara dos veces por el mismo material»[142].

Todo comenzó con STRAWBERRY FIELDS FOREVER de Lennon; PENNY LANE apareció poco tiempo después como la respuesta de

McCartney al desafío de su compañero. Strawberry Fields Forever «no sólo debe ser considerada como el punto de partida de los "años de estudio" de los Beatles (por su estatus como la primera canción que grabaron después de haber decidido dejar de actuar en vivo): también fue, sobre todo, la pista cuya producción hizo total la separación entre grabación y actuación en su práctica musical»[143]. Después de ese experimento, abandonaron por completo la preocupación por los conciertos y la interpretación en vivo de la nueva música que estaban produciendo.

Ambas canciones comparten una temática. Son como «viajes musicopoéticos a lo largo del eje del tiempo»[144], viñetas que evocan su infancia en el norte inglés. Strawberry Field era el nombre de un orfanato del Ejército de Salvación en el que Lennon jugaba cuando era niño; Penny Lane era una de las calles y áreas emblemáticas de Liverpool, por donde McCartney pasaba en autobús frecuentemente. Para reforzar el sentido conceptual, la portada del single mostraba, de un lado, a los Beatles con sus nuevos bigotes, y del otro, fotografías de los cuatro cuando eran niños.

La nostalgia de la infancia iba a ser, en un primer momento, el *leitmotiv* que uniría todas las canciones del nuevo disco; aunque rápidamente abandonaron la idea de que fuera el tema general del álbum, la experiencia de la niñez en Liverpool aparece profusamente en *Sgt. Pepper* y *Magical Mystery Tour*.

Strawberry Fields Forever y Penny Lane representan, además, un evento decisivo en la colaboración Lennon/McCartney. Es el momento en el que «anuncian su ascenso al estatus de poetas»[145]. Funcionan como el perfecto equilibrio de fuerzas compositivas entre ambos creadores. Nunca antes había llegado cada uno a destilar su poética personal con tanta potencia y precisión. John, que consideraba Strawberry Fields Forever como su obra maestra en los Beatles, pinta su introspección surrealista cargada de sueños lánguidos y psicodélicos; es, en palabras de David Laing, un paisaje de la mente.[146] Paul, a su vez, muestra su mejor registro como un novelista urbano iluminado por una claridad sonora deslumbrante.

«PENNY LANE/STRAWBERRY FIELDS FOREVER simboliza el delicado equilibrio artístico y personal que estaba en el corazón de los Beatles»[147]. Nunca más lograron semejante sincronización de fuerzas creativas (quizás A DAY IN THE LIFE sea una excepción). El single que sacarían a finales de 1967, formado por HELLO GOODBYE de McCartney y I AM THE WALRUS de Lennon, representa precisamente el alejamiento de cada fuerza creativa a lo largo de su propio eje. La inocencia de Paul —cristalina y aguda en PENNY LANE— se vuelve aquí insustancial y chata; la psicodelia de John —evocativa y confesional en STRAWBERRY FIELDS FOREVER— se convierte en este caso en un enigma impersonal.

La publicación de ambas canciones como un single doble lado A fue una anomalía en la industria de la música pop de la época. Era habitual que cada single tuviera, en su lado A, un hit innegable, y que el lado B fuera una canción más intrascendente. La portada de PENNY LANE/STRAWBERRY FIELDS FOREVER, por el contrario, presentaba ambas canciones con el mismo tamaño de letra.

Fue también una anomalía en la carrera de los Beatles. Aunque es considerado, casi por consenso, como el mejor single en la carrera de los Beatles y uno de los más importantes en la historia de la música popular, falló en alcanzar el primer puesto en las listas de éxito británicas. El número uno se lo llevó la balada RELEASE ME de Engelbert Humperdinck. Fue la primera vez desde 1963 que los Beatles fallaban en ubicar uno de sus singles en la posición más alta de las listas en Inglaterra.

Algunos periodistas vaticinaron en ese momento que después de cuatro años de dominio cultural indiscutido, la burbuja de los

Beatles había finalmente explotado. La banda no se inmutó ante las críticas. Estaban demasiado ocupados en el Estudio 2 de Abbey Road gestando un disco que dejaría en ridículo esas predicciones y cambiaría la música popular para siempre.

Sgt. Pepper's Lonely Hearts Club Band

Para grabar su octavo disco de estudio, los Beatles dedicaron 129 días, pasaron aproximadamente 700 horas en Abbey Road y gastaron unas 25 mil libras esterlinas. Cuando grabaron *Please Please Me*, su primer disco, habían invertido sólo 10 horas y unas 400 libras. El resultado de semejante dedicación tuvo un título extravagante y poco prometedor; en español: *La banda del club de los corazones solitarios del sargento Pimienta.*

Las sesiones de *Sgt. Pepper's Lonely Hearts Club Band* concluyeron el 21 de abril de 1967; habían comenzado oficialmente unos cinco meses antes, con las primeras tomas de Strawberry Fields Forever (que, como ya mencioné antes, finalmente no formaría parte del disco, al igual que Penny Lane). El álbum se lanzó al mercado el 26 de mayo de 1967 en Inglaterra y un día después en Estados Unidos.

Habían pasado nueve meses desde el último concierto de los Beatles en San Francisco. La sabiduría del espectáculo decía que los artistas que no hacían giras perderían rápidamente su posición;

contra todos los pronósticos, su decisión sólo aumentó el aura de sacralidad que ya venían cultivando. «Desaparecer durante varios meses añadió misterio y anticipación a las habilidades de entretenimiento del grupo. "¿Qué harán a continuación?", se preguntaban sus millones de fans, esperando pacientemente, incluso fielmente, el lanzamiento del siguiente disco»[148].

Sgt. Pepper establece la dirección creativa que los Beatles seguirían en los años siguientes y un ideario artístico nuevo. Incluso la imagen personal de cada uno cambió dramáticamente: se diferenciaron más entre sí y tomaron distancia del imaginario de la Beatlemanía. Ya no eran los indistinguibles *moptops*, sino que ahora tenían bigotes, nuevos peinados y unas ropas psicodélicas que rememoraban los uniformes militares de las bandas de metales del norte de Inglaterra.

Mirando en retrospectiva, George Martin confesó: «El 5% de mí estaba pensando: "Esto nunca va a funcionar, hemos sido demasiado pretenciosos, todo es demasiado complicado e inédito, demasiado diferente de lo que los Beatles han hecho antes". El otro 95% de mí pensaba: "¡Esto es brillante! ¡Les va a encantar!"»[149].

La intuición de Martin estaba bien ubicada. *Sgt. Pepper* terminaría ganando cuatro premios Grammy: mejor álbum de 1967, mejor álbum contemporáneo, mejor portada y mejor grabación no clásica. Por haber elevado al pop a una forma de arte legítima, por representar el arquetipo de lo que puede ser un disco de rock, por su influencia cultural y su lugar en el imaginario colectivo como la quintaesencia de los años sesenta, *Sgt. Pepper's Lonely Hearts Club Band* suele ser considerado como el disco de música popular más importante de la historia. «Su gran fortaleza, me parece, es que logra capturar, más vívidamente que casi cualquier cosa contemporánea, su propio tiempo y lugar»[150].

I'm changing my scene: contexto y concepto del disco

«Estábamos hartos de ser los Beatles», dijo Paul. «Realmente odiábamos ese estúpido enfoque de los cuatro chicos *moptops*. Ya no éramos chicos, éramos hombres. Ya había pasado esa basura infantil, todos esos gritos, no lo queríamos más; además, ya habíamos empezado a fumar porro y pensábamos que éramos artistas, no sólo intérpretes»[151]. Exhaustos de la Beatlemanía, hastiados de las giras y las demandas del mundo del espectáculo, estando ya tres de ellos casados y dos con hijos, necesitaban hacer una *tabula rasa*: o reinventaban su identidad como banda o dejaban de existir.

Bajo la luz de STRAWBERRY FIELDS FOREVER, el primer marco conceptual del disco apuntaba a los recuerdos de niñez en Liverpool: nostalgia por la inocencia perdida, literatura infantil, travesuras, niñas que escapan, atracciones de circo, vacaciones en familia, violencia doméstica y memorias escolares. Después de PENNY LANE, y aunque la infancia sigue siendo parte del telón de fondo de la obra, el concepto general se abandonó oficialmente.

Una idea clave que estructura el disco es la experiencia psicodélica y el uso (recreativo y espiritual) de las drogas. «Sería absurdo pretender que *Sgt. Pepper* no fue fundamentalmente moldeado por LSD. El sonido del álbum, en particular su uso de varias formas de eco y reverberación, sigue siendo la simulación auditiva más auténtica de la experiencia psicodélica jamás creada»[152].

Otros temas que son parte del decorado de *Sgt. Pepper*, sin ser necesariamente un concepto unificador, son el amor, la exploración de la psique, el desapego, la desilusión, la paz global y la movilidad ascendente de la clase obrera de la Inglaterra de mediados de los sesenta.[153]

El éxito popular y crítico de *Revolver* motivó a McCartney (que a esta altura se estaba convirtiendo en el director musical *de facto* de la banda) a arriesgarse a un proyecto más sofisticado: una narrativa integrada, experimental y metarreflexiva. «Hemos tenido tanto éxito que no nos importa si se esfuma mañana. Llegamos a un punto donde ya no nos preocupamos»[154], dijo. De ese contexto brotó lo que llegaría a ser (lo más parecido a) el concepto unificador de *Sgt. Pepper*. En palabras de Paul: «Como estamos buscando escapar de nosotros mismos y de las giras hacia algo más surreal, ¿qué les parece si nos convertimos en una banda alter ego, algo como SGT. PEPPER'S LONELY HEARTS? Tengo una canción con este título en proceso»[155].

Su idea era transformar a los Beatles, durante el lapso del disco, en músicos de la ficticia banda del sargento Pimienta (*Pepper*): una orquesta de metales de la época eduardiana psicodélicamente transportada hasta mediados de los años sesenta. Este uso de la máscara del alter ego corporativo es característico del amor de Paul por la narrativa y los personajes coloridos.

Ya no tenían que dar el próximo paso siendo la banda más grande del mundo, sino que podían esconderse bajo el artilugio de ser anónimos miembros de una banda desconocida. Todo lo que sucediera en esa instancia podría distinguirse de la obra misma de los Beatles. «Era liberador», dijo Paul, «podías hacer cualquier cosa en el micrófono o la guitarra porque no eras vos mismo»[156].

Además, como ya no querían dar conciertos, podían dejar que el disco fuera "de gira" en su lugar. En junio de 1966, los Beatles acompañaron la publicación del sencillo PAPERBACK WRITER/ RAIN con dos videos promocionales. Fue la antesala de lo que llegarían a ser los videoclips. «Pensamos que era una idea genial mandar un video para que vaya como promoción; no creo que ni siquiera lo llamamos video ya que iba a ser sólo transmitido en la televisión»[157], dijo Ringo. Siguiendo el ejemplo de PAPERBACK

Writer y Rain, los Beatles hicieron videos promocionales de Strawberry Fields Forever y Penny Lane, y eventualmente también "enviaron de gira" a *Sgt. Pepper*.

Se habían librado no sólo de la presión de los conciertos, sino también de la complejidad de interpretar sus nuevas canciones en vivo; eso les permitió ser más osados a nivel compositivo y de producción. La idea era que escuchar el disco fuera una experiencia inmersiva: nos encontramos, de pronto, entre la multitud que asiste a un show (el de la banda del sargento Pepper) dentro de un show (el de los Beatles).

En los discos de vinilo, el medio de distribución de música por excelencia de esa época, las pausas marcaban al oyente el lugar exacto en que se encontraba cada canción del álbum; sin las pausas, era bastante difícil individualizar las canciones. En la era digital eso ya no es un problema, pero no tener los segundos de separación en un vinilo significaba no tener el control sobre la escucha. Era como llegar tarde a un show.

Para emular la atmósfera de un concierto, los Beatles concibieron cada lado de *Sgt. Pepper* como un flujo de sonido continuo y suprimieron los tres segundos de silencio que diferenciaban las canciones.[158] Además, incorporaron al comienzo del álbum sonidos incidentales (aplausos y risas del público). La ansiedad de la audiencia se palpa desde los primeros segundos y, en Being for the Benefit of Mr. Kite!, la atmósfera de fiesta y celebración se convierte directamente en una visita al circo. Aunque habían dejado de hacer giras, *Sgt. Pepper* emulaba las emociones de un concierto sin tiempo ni lugar.

La idea del extravagante título del álbum nace como una parodia de los nombres que estaban de moda entre las bandas psicodélicas del Oeste de Estados Unidos. En la última gira norteamericana de los Beatles, Paul quedó muy impresionado por los nombres largos y surrealistas —como *Quicksilver Messenger Service* o *Big Brother and the Holding Company*— que adoptaban bandas que, además, usaban una estética similar (inspirada en el op art, la psicodelia y el vodevil).[159]

A comienzos de noviembre de 1966, Paul viajó a Francia y, para evitar atraer la atención de las fans, usó un disfraz facial. «Esto lo llevó a considerar cuán libres serían los Beatles si pudieran adoptar un disfraz de grupo»[160]. No mucho después, el 19 de ese mismo mes —cinco días antes de comenzar a grabar STRAWBERRY FIELDS FOREVER—, a Paul se le ocurrió el nombre *Sgt. Pepper* en un vuelo de regreso a Londres desde Nairobi, Kenia, junto a su novia Jane Asher y el *roadie* de los Beatles, Mal Evans.

> Tomando el primero de varios Scotch y Coca-Cola en el vuelo, [Paul] pidió un bolígrafo y papel, abrió la bandeja frente a él, tomó otro trago y luego escribió *Big Brother Holding Nitty Gritty Quicksilver Fabs* en la hoja de papelería azul de la aerolínea, dibujando un círculo alrededor de la última palabra. Justo entonces se sirvió el almuerzo y Evans se inclinó para preguntar qué estaba haciendo. "Necesitamos un nombre extraño. Como esas bandas de California. Alguna idea?".[161]

Sgt. Pepper fue lo que Paul escuchó durante ese vuelo cuando Mal Evans le pidió la sal y la pimienta (*salt and pepper*). El resto del título (*Lonely Hearts Club*) era un nombre muy popular entre las agencias de citas de la época. Así nació la idea para una canción llamada *Sgt. Pepper's Lonely Hearts Club Band*. Cuando empezaron a grabarla (1 de febrero de 1967), la idea del disco sobre la infancia ya había perdido tracción; el concepto de la banda alter ego comenzó a convertirse en un esquema ambicioso que, en la mente de Paul, podía dar continuidad creativa a todo el disco.

Ya desde *Rubber Soul*, los Beatles habían dado pasos hacia la consideración del disco como un objeto artístico autónomo y autosuficiente. Este acercamiento se oponía a la práctica típica del pop y el rock and roll de la época (que se fundamentaban en sencillos de éxito, no en discos) y se acercaba más a la estética del folk. Para este punto, Paul comprendió «que los Beatles podrían realmente fingir que eran la banda de Sgt. Pepper, y que las canciones restantes en el LP podían formar parte de un espectáculo dado por la banda ficticia»[162]. Para reforzar el artificio de que el disco era una producción eduardiana conducida por el sargento Pepper y su banda de corazones solitarios, las canciones utilizan a menudo un lenguaje deliberadamente anticuado.*

Un *disco conceptual* es un álbum compuesto por un grupo de canciones que respetan varios de los siguientes puntos: se conectan entre sí a nivel temático, dan una sensación de continuidad al oyente, desarrollan una idea o explican un concepto, están articuladas menos como elementos individuales o autónomos y más como una experiencia total, etc.[163]

Se ha dicho en ocasiones que *Sgt. Pepper* es el primer disco conceptual de la historia. Eso no es del todo cierto. En primer lugar porque antes ya habían existido discos conceptuales, como *Folk Songs From the Hills* (1947) de Merle Travis, *In the Wee Small Hours* (1955) de Frank Sinatra, o *Blood Sweat and Tears* (1963) y *Bitter Tears* (1965) de Johnny Cash.[164] Y además porque la lectura

---

*. «Guaranteed to raise a smile», «may I inquire discreetly», «meeting a man from the motor trade», «a splendid time is guaranteed for all», «indicate precisely what you mean to say». Cf. Turner, 2009, pp. 8-9.

que los propios Beatles hicieron de la obra no permite afirmar algo así.

Paul quería hacer un disco completamente guiado por el concepto de la banda alter ego. Sus principales inspiraciones para imaginar esa estructura fueron dos. En primer lugar, *Freak Out*, lanzado a fines de junio de 1966, disco debut de The Mothers of Invention, la banda liderada por Frank Zappa: una sátira brutal a la cultura pop norteamericana. Philip Norman ha dicho que McCartney no paraba de repetir, durante las sesiones de *Sgt. Pepper*: «Este es nuestro *Freak Out*»[165]. Y, sobre todo, el ya citado *Pet Sounds* de los Beach Boys, publicado a mediados de mayo de 1966, que lo cautivó por la unidad de sus armonías vocales y la claridad de su sonido. «Se lo puse a John tantas veces que sería difícil para él escapar de la influencia. Si los discos tienen un director dentro de una banda, yo dirigí *Sgt. Pepper*. Y mi influencia fue básicamente *Pet Sounds*»[166].

Sin embargo, sus compañeros no estaban tan interesados en el asunto y, además, se cansaron rápidamente de los límites creativos que el concepto representaba. George dijo: «Estábamos en el estudio para hacer el próximo disco y Paul insistía con esta idea de un grupo imaginario. Este aspecto no me interesaba en absoluto más allá de la canción que daba título al disco y la tapa»[167]. Ringo confesó: «Al comienzo teníamos la sensación de que sería algo totalmente diferente, pero sólo llegamos a Sgt. Pepper y Billy Shears (que canta WITH A LITTLE HELP FROM MY FRIENDS) y pensamos: "Maldita sea, son sólo dos canciones". Quedó el título y también la impresión de que todo estaba conectado (incluso si finalmente no conectamos realmente todas las canciones)»[168].

Quién más distancia tomó de *Sgt. Pepper* como disco conceptual fue John. «Para mí un álbum es como un conjunto de canciones que no se pueden tener de otra forma; personalmente, prefiero los sencillos. Creo que Paul tiene el concepto de álbum, o por lo menos prueba, y él fue quien concibió el Medley.* A mí no me interesa el concepto de álbum»[169]. En otra ocasión dijo: «Leí que Pete Townshend dijo que tenía sólo un montón de canciones que, en el estudio, se convirtieron en *Tommy*.** Es como *Sgt. Pepper*: tenés un montón de canciones, le ponés dos pizcas de pimienta y sacás un álbum conceptual»[170]. «Todas mis contribuciones al álbum», señaló también, «no tienen absolutamente nada que ver con esta idea del sargento Pepper y su banda; pero funciona, porque dijimos que funcionaba, y así es como apareció el álbum. Pero no se formó como un todo, con excepción de Sgt. Pepper, que presenta a Billy Shears, y el llamado Reprise. El resto de las canciones podría haber estado en cualquier otro álbum»[171].

William Northcutt ha señalado que existe una variedad de factores que han hecho que el álbum parezca más cohesivo de lo que es efectivamente cierto.[172] Aunque no es un disco conceptual en toda regla, *Sgt. Pepper* fue concebido de manera bastante orgánica y muestra una continuidad conceptual inusual para su época. «Es difícil no oír la mayoría de las otras canciones de McCartney en *Pepper* como si no estuvieran de alguna manera relacionadas con su concepto de "un show dentro de un show", ya sea en cuanto a estilo musical o en términos de su intención teatral o narrativa»[173]. Aunque no fue el primer disco conceptual de la historia, sin dudas *Sgt. Pepper* fue el álbum que empujó a muchas bandas y artistas a imaginar y producir discos conceptuales.

---

*.   Se conoce con este nombre a una serie de canciones conectadas entre sí en el lado B de *Abbey Road*: You Never Give Me Your Money, Sun King, Mean Mr. Mustard, Polythene Pam, She Came In Through the Bathroom Window, Golden Slumbers, Carry That Weight, The End. La idea del Medley fue también de McCartney.

**.   *Tommy* (1969), el cuarto disco de estudio de los Who, fue creado por su guitarrista, Pete Townshend, como una ópera de rock conceptual.

Una de las claves fundamentales para entender la importancia histórica de *Sgt. Pepper* es su irreverente mezcla de géneros musicales: un pastiche formado por rock and roll, música de bandas de marcha, música concreta y electroacústica, pop, música psicodélica, *music hall*, música de la India, música de cámara, etc. Este eclecticismo estilístico —que aún hoy sorprende—, era inaudito a mediados de los sesenta. Los artistas de música popular estaban claramente categorizados y pocas veces se producían migraciones o *crossovers* entre estilos.

Otra característica notable de *Sgt. Pepper* es su tendencia hacia la novelización. La cantidad y diversidad de voces y personajes que llenan la trama del álbum es notable:

- el sargento Pepper, su banda y la audiencia del espectáculo en Sgt. Pepper's Lonely Hearts Club Band;
- Billy Shears (el presentador del espectáculo) y sus amigos en With A Little Help From My Friends;
- Lucy y los personajes de su mundo psicodélico en Lucy In The Sky With Diamonds;
- la joven anónima que se va de la casa y sus padres en She's Leaving Home;
- el *yo* confesional de Getting Better y Fixing a Hole, que incorpora las opiniones de otros personajes (los profesores de la escuela y los que miran el arreglo de la casa respectivamente);
- los personajes del circo de Being For The Benefit of Mr. Kite!: el Sr. Kite, los Henderson y Pablo Fanques;
- el *nosotros* que sostiene la conversación filosófico-mística en Within You Without You;

- la pareja de abuelos y sus nietos Vera, Chuck y Dave en WHEN I'M SIXTY-FOUR;
- Rita (la policía de tránsito) y sus hermanas en LOVELY RITA;
- el hombre solitario en medio de la multitud de GOOD MORNING, GOOD MORNING;
- las dos voces claramente distinguibles que cuentan sus historias en A DAY IN THE LIFE —Lennon (al principio y al final) y McCartney (en el intermedio)—, además de los personajes de sus relatos (el hombre que se explotó la mente en el auto, la multitud que presencia el accidente, la gente que mira la película sobre el triunfo del ejército inglés y los que cuentan los huecos en Blackburn, Lancashire).

A *crowd of people*: arte de tapa

La misma vitalidad de personajes que llena las canciones de *Sgt. Pepper* llena también su portada: una colección de figuras históricas, celebridades y elementos decorativos que componen el collage más famoso del siglo XX y una de las imágenes más icónicas de la cultura pop.

«La mezcla de imágenes discretas, unificadas sólo por su proximidad, se ensambla en un mito. [...] La densidad iconográfica de la portada de *Sgt. Pepper* invita a la interpretación»[174]. Efectivamente, unos pocos meses después de su lanzamiento, los Rolling Stones, no contentos con intentar replicar en *Their Satanic Majesties Request* buena parte de su música, imitaron incluso el concepto de la tapa (y hasta contrataron al mismo fotógrafo, Michael Cooper). Y no mucho después, The Mothers of Invention de Frank Zappa parodiaron la tapa de *Sgt. Pepper* en su *We're Only in*

It for the Money —algo que se repetiría posteriormente un sinfín de veces, desde Def Leppard y Devendra Banhart hasta los Muppets y los Simpsons—.

La portada es, en primer lugar, un catálogo de influencias: la declaración definitiva del eclecticismo dialógico de los Beatles. Casi como si sus referentes también fueran, como ellos mismos, músicos de la banda del club de los corazones solitarios. «Para lograr meternos en los pantalones de la banda del sargento Pepper, empezamos a pensar en quiénes eran nuestros héroes»[175], dijo Paul.

Pero, además de ser un reflejo de los intereses de la banda, el arte de tapa es un mapa para entender el clima intelectual de los años sesenta: «Una guía de la topografía cultural de la década»[176], «un microcosmos del mundo subterráneo»[177], «un texto sagrado oscuro, lleno de palabrería profética, que necesita una clave interpretativa para darle sentido a todo»[178].

Según Ian Marshall, todos los personajes que habitan la portada de *Sgt. Pepper* practicaron en su vida el oficio de revertir los órdenes preestablecidos. «Si hay un tema común en las fotos de la tan celebrada tapa del disco es quizás que todos los presentes desafiaron, de una forma u otra, a la autoridad»[179]. En la banda imaginaria del sargento Pepper hay lugar para filósofos, gurúes, artistas, comediantes, deportistas, escritores, estrellas de cine y músicos.*

---

*. La siguiente lista fue provista por EMI, la multinacional que posee el catálogo de los Beatles.

1. Sri Yukteswar Gigi (gurú).
2. Aleister Crowley (maestro de ocultismo, místico y mago).
3. Mae West (actriz).
4. Lenny Bruce (cómico).
5. Karlheinz Stockhausen (compositor).
6. W. C. Fields (cómico).
7. Carl Gustav Jung (psicólogo).
8. Edgar Allan Poe (escritor).
9. Fred Astaire (actor).
10. Richard Merkin (artista).
11. Chica pin-up (pintura del artista peruano Alberto Vargas).
12. Leo Gorcey (actor; eliminado ya que solicitó una tarifa).
13. Huntz Hall (actor).
14. Simon Rodia (arquitecto).
15. Bob Dylan (compositor).
16. Aubrey Beardsley (ilustrador).
17. Sir Robert Peel (político).
18. Aldous Huxley (escritor).
19. Dylan Thomas (poeta).
20. Terry Southern (escritor).
21. Dion Di Mucci (cantante).
22. Tony Curtis (actor).
23. Wallace Berman (artista).
24. Tommy Handley (cómico).
25. Marilyn Monroe (actriz).
26. William Burroughs (escritor).
27. Sri Mahavatara Babaji (gurú).
28. Stan Laurel (cómico).
29. Richard Lindner (artista).
30. Oliver Hardy (cómico).
31. Karl Marx (filósofo).
32. H. G. Wells (escritor).
33. Sri Paramahansa Yogananda (gurú).
34. Maniquí de cera.
35. Stuart Sutcliffe (artista; miembro original de los Beatles).
36. Maniquí de cera.

37. Max Miller (cómico).

38. Chica pin-up (pintura del artista George Petty).

39. Marlon Brando (actor).

40. Tom Mix (actor).

41. Oscar Wilde (escritor).

42. Tyrone Power (actor).

43. Larry Bell (artista).

44. David Livingston (misionero y explorador).

45. Johnny Weissmuller (nadador y actor).

46. Stephen Crane (escritor).

47. Issy Bonn (cómico).

48. George Bernard Shaw (escritor).

49. H. C. Westermann (escultor).

50. Albert Stubbins (jugador de fútbol).

51. Sri Lahiri Mahasaya (gurú).

52. Lewis Carrol (escritor).

53. T. E. Lawrence (soldado; más conocido como Lawrence de Arabia).

54. Sonny Liston (boxeador).

55. Chica pin-up (pintura del artista George Petty).

56. Maniquí de cera de George Harrison.

57. Maniquí de cera de John Lennon.

58. Shirley Temple (actriz).

59. Maniquí de cera de Ringo Starr.

60. Maniquí de cera de Paul McCartney.

61. Albert Einstein (físico).

62. John Lennon.

63. Ringo Starr.

64. Paul McCartney.

65. George Harrison.

66. Bobby Breen (cantante).

67. Marlene Dietrich (actriz).

68. Mahatma Gandhi (eliminado por petición de la discográfica EMI).

69. Legionario de la orden The Buffalos.

70. Diana Dors (actriz).

71. Shirley Temple (actriz).

72. Figura de abuela de tela (del artista Jann Haworth).

73. Figura de tela de Shirley Temple (del artista Jann Haworth).

74. Candelabro mexicano.

75. Televisor.

76. Figura de piedra.

77. Figura de piedra.

78. Estatua de la casa de John Lennon.

79. Trofeo.

80. Estatua de la diosa hindú Lakshmi.

81. Bombo (diseñado por Joe Ephgrave).

82. Narguile.

83. Serpiente de terciopelo.

84. Fukusuke (figura de porcelana japonesa).

85. Figura de piedra de Blancanieves.

86. Gnomo.

87. Tuba.

Conviven en la tapa de *Sgt. Pepper* figuras del pasado y del presente, de la alta y la baja cultura, de la tradición culta y el entretenimiento: desde Karl Marx, Aldous Huxley, Edgar Allan Poe, Dylan Thomas, Oscar Wilde y Albert Einstein hasta Marilyn Monroe, Laurel y Hardy, Marlon Brando, Bob Dylan y Mae West. Tres figuras históricas fueron rechazadas para evitar conflictos con la opinión pública (Jesucristo, Adolf Hitler y Mahatma Gandhi), y otras (como Elvis) fueron removidas por temor a conflictos legales. Unas figuras de cera de los mismos Beatles en la época de la

Beatlemanía, prestadas por el museo Madame Tussauds, confirman en la composición la relevancia cultural de la banda.

Y, en el centro de la imagen, John, Ringo, Paul y George de una manera como nunca antes habían sido vistos. A sus pies se encuentra una ofrenda fúnebre con el nombre "Beatles"; pareciera que están liderando a la multitud en el homenaje que marca la muerte de la Beatlemanía. La transformación visual de los Fab Four anunciaba públicamente el cambio significativo que había sucedido en la música y la identidad de la banda.

Siguiendo el ejemplo de Lennon —que se había cortado el pelo para interpretar al soldado Gripweed en la cinta sobre la Segunda Guerra Mundial *How I Won the War*—*, los cuatro Beatles se alejan de la imagen de jóvenes melenudos y presentan al mundo su nueva identidad como hombres maduros, que tienen bigotes y visten con unas extrañas ropas psicodélicas y seudomilitares.

El arte de los discos de la música pop favorecía en este tiempo las portadas donde se mostraba al intérprete, acompañado por su nombre y el título del álbum. Había pocas excepciones y variaciones a este patrón; los primeros seis discos de los Beatles, por ejemplo, siguen este estándar de la industria. Aunque incorporan detalles artísticos puntuales —como las imágenes a contraluz en *With the Beatles* o la distorsión psicodélica de *Rubber Soul*—, todas sus portadas hasta la fecha son fotos de las cabezas de John, Paul, George y Ringo mirando directamente a la cámara.

Recién con *Revolver*, los Beatles se animaron a probar otra cosa; el arte de tapa, obra de su amigo Klaus Voormann, ganó el

---

*.   Para grabar la película, Lennon también adoptó unos antiguos lentes con montura de alambre —unas gafas de abuela, como solía decirle—, que mantuvo al terminar el rodaje y se volvió desde entonces su look distintivo (situado en las antípodas de lo que se esperaba de una estrella pop en la época).

Grammy al mejor diseño de portada en 1967.[180] El buen recibimiento de la tapa de *Revolver* los animó a redoblar la apuesta en su siguiente disco.

En otra de sus referencias a la infancia y la nostalgia que marcaron la temporada especial de 1967, McCartney dijo:

> Este álbum fue una gran producción, y queríamos que la portada del álbum fuera realmente interesante. Todos estuvieron de acuerdo. Cuando éramos niños, tomábamos un autobús de media hora [...] para comprar un álbum, y luego volvíamos en el autobús, lo sacábamos de la bolsa de papel marrón y lo leíamos de principio a fin. [...] Nos gustaba la idea de acercarnos al comprador de discos, debido a los recuerdos de gastar nuestro propio dinero, ganado con esfuerzo, y realmente apreciar a cualquiera que nos diera un buen valor por nuestro dinero.[181]

Para encarar el proyecto, McCartney contactó a Peter Blake —padre del pop art británico— y a su pareja, la norteamericana Jann Haworth. Les dijo que quería una portada con la imagen de una orquesta como la que uno podría ver tocando en un parque. No era en absoluto usual que una banda de música popular contratara a un artista importante para la portada de su disco. Al igual que los Beatles, Blake también había crecido en un contexto de clase obrera, y en su propio trabajo abrazaba con igual entusiasmo la alta y la baja cultura (una actitud muy en línea con el espíritu de *Sgt. Pepper* y de la obra de los Beatles en general).

Hay varias influencias detrás del concepto de la portada de *Sgt. Pepper*. En primer lugar, por supuesto, las orquestas de viento que tocaban en los parques durante las épocas victoriana y eduardiana:[182]

Según McCartney, la idea de la multitud de personas que son parte de una banda surgió de esta vieja fotografía de la orquesta de jazz de su padre, la Jim Mac's Jazz Band.[183]

En el arte del disco *Beatles for Sale*, de fines de 1964, una de las fotografías internas muestra a la banda posando frente a un collage de fotos de ídolos del cine, que incluye a actores como Tommy Steele y Benny Hill en la película inglesa *Light Up The Sky* (1960); aunque no existen declaraciones explícitas de los Beatles ni evidencias definitivas al respecto, es posible que la idea embrionaria de la portada de *Sgt. Pepper* apunte a esta fotografía:

Según Walter Everett,[184] la portada de *Surrealistic Pillow*, el segundo disco de Jefferson Airplane, publicado el 1 de febrero de 1967, también influyó en el arte de *Sgt. Pepper*. Los Jefferson Airplane sostienen una flauta dulce y una traversa, un instrumento de viento (del que sólo se ve una porción), un violín y un banjo, mientras los Beatles posan con una tuba, una trompeta, un corno inglés y una flauta.

Al abrir la portada de *Sgt. Pepper*, uno se encuentra con otras dos sorpresas. En primer lugar, las letras impresas de las canciones del disco. Fue la primera vez en la historia de la música popular que se hacía algo así. La afirmación poética que subyacía a esa decisión era clara: más que un mero acompañamiento de la música, las letras proponían una experiencia autónoma, tenían una entidad artística propia. «Al presentar las letras de las canciones como textos poéticos para ser estudiados y evaluados, se reconoció formalmente que (junto con otros compositores contemporáneos, como Bob Dylan o Paul Simon) los Beatles habían cambiado la función de la música popular: de música como entretenimiento a música como comunicación»[185]. Y no solamente eso: «Las letras adquieren así el estado estable y fijo de un texto sagrado, que ahora pueden ser analizadas y estudiadas con la intensidad talmúdica que los Beatles sabían que sus fans poseían»[186].

Además, dentro del disco se incluyeron como regalo unas figuritas recortables: un bigote falso, el logo del disco, una fotografía de los Beatles, unas pinturas y unas insignias militares. Esta es otra referencia a la niñez en *Sgt. Pepper*: un recuerdo de los regalos que incluían los cómics y las revistas infantiles, además de una invitación a que los oyentes jugaran a ser parte de la banda del sargento Pepper.

De manera análoga al impacto que tuvo la música de *Sgt. Pepper*, el arte del disco redefinió qué se esperaba de una producción cultural como esa. Dejó de ser un apéndice superfluo a la experiencia musical y se convirtió en parte integral del concepto de un disco.

May I introduce to you: Sgt. Pepper's Lonely Hearts Club Band

La canción que abre *Sgt. Pepper* es una especie de obertura para el resto del disco. La voz de McCartney aparece atronadora anunciando que «han pasado ya veinte años desde que el sargento Pepper enseñó a su banda a tocar». Los murmullos de la audiencia nos ponen en contexto: estamos ingresando a un concierto que se siente al mismo tiempo extraño y familiar. Antes de empezar a tocar, la banda del sargento Pepper afina sus instrumentos; después de insistir en que nos dejemos llevar por la experiencia, se anuncia que la siguiente canción será interpretada por Billy Shears.

La estructura sonora de la primera canción de *Sgt. Pepper* abre la posibilidad de que estemos escuchando un disco grabado en vivo. George Martin dijo sobre esto: «Al agregar los efectos de sonido de aplausos, afinación, etc., intentamos pintar un cuadro: sube el telón y vemos a la banda en el escenario»[187].

La letra —que tiene un propósito más funcional que poético— insiste en la dimensión de *performance* de lo que estamos oyendo. McCartney, como el maestro de ceremonias de la banda, vocifera una serie de clichés asociados con el mundo del espectáculo y el circo: «Permítanme presentarles este famoso número que todos conocen de sobra», «esperamos que disfruten del show», «¡son un público estupendo!», etc.

En este contexto, la mención a «the act you've known for all these years» funciona en un doble sentido: otorga pasado y contexto a la banda ficticia del sargento Pepper, pero es también una mirada irónica a los mismos Beatles (el verdadero espectáculo famoso que todos conocemos de sobra).

La tensión entre lo viejo y lo nuevo —«twenty years ago *today*»— es una característica fundamental de la obertura, que fusiona la música que estaba de moda en la época del sargento Pepper y la contemporánea.

La canción es la más rockera, ruidosa y directa del álbum: una muestra del proto-hard rock que estaba en auge en la época, bajo la influencia de Jimi Hendrix. Lennon y McCartney estuvieron entre los primeros fans ingleses de Hendrix. De hecho, la noche del 30 de enero de 1967 —finalizando el primero de los dos días de grabación de los videos promocionales de STRAWBERRY FIELDS FOREVER y PENNY LANE—, Paul y John fueron al teatro Saville de Londres a ver un show de los Who y The Jimi Hendrix Experience. Dos días después, el 1 de febrero, empezaron a grabar la canción SGT. PEPPER'S LONELY HEARTS CLUB BAND; la influencia de la música que escucharon esa noche es en este caso evidente.

No obstante, ese novedoso hard-rock de guitarras estridentes coexiste en la canción con varios elementos que apuntan al pasado. El tono vocal robusto de McCartney era típico en las estrellas del music hall; además, el cliché armónico (VI–VII–I) del final de la canción, cuando se presenta a Billy Shears, es un recurso tradicional del music hall. El interludio clásico nos sitúa también en un entorno tradicional; la simulación de la orquesta de viento eduardiana que escuchamos es, precisamente, la banda del sargento Pepper —de la que los mismos Beatles son parte, como se ve en la tapa del disco: John tiene una tuba; Ringo, una trompeta; Paul, un corno inglés; y George, una flauta—.*

---

*. Cuando esta canción es interpretada en la película *Yellow Submarine*, los cuatro Beatles animados aparecen disfrazados como miembros de la banda del sargento Pepper y tocan instrumentos de viento.

La canción maneja ambos idiomas: lo antiguo y lo contemporáneo, lo sutil y lo ruidoso. El mismo McCartney, que amaba el music hall y según Lennon hacía "música de abuela", es también el que firma la canción más rockera del disco —y, al año siguiente, la más ruidosa del catálogo de los Beatles: la proto-heavy Helter Skelter—.

Los sonidos de la orquesta que afina al comienzo de la canción fueron tomados de la sesión de grabación del 10 de febrero de 1967 para A Day In The Life en el Estudio 1 de Abbey Road. Los murmullos que se escuchan en la canción fueron tomados de grabaciones previas de los archivos de EMI. Para los del comienzo, se utilizó *Volume 28: Audience Applause and Atmosphere, Royal Albert Hall and Queen Elizabeth Hall*, mientras que los que aparecen a la mitad fueron tomados de *Volume 6: Applause and Laughter*, grabado por el mismo George Martin en el teatro Fortune de Londres en 1961, como parte de la comedia *Beyond The Fringe*.

Aunque no existe ningún elemento en la narrativa de la canción que nos haga pensar en una situación graciosa, en el puente musical se escuchan unas risas de la audiencia. Paul relató que cuando era niño y escuchaba radioteatro, siempre se preguntaba por qué el público reía en ciertas ocasiones que él no podía conectar con lo que estaba oyendo: «Mi imaginación se volvía loca cuando esto pasaba. Pensaba: ¿qué pasó? ¿Se le cayeron los pantalones? ¿Hizo una mirada graciosa? [...] Cuando hicimos *Pepper* incluimos una de esas risas sin motivo; justo cuando se introduce a Billy Shears, todos se largan a reír. El que escucha no tiene idea del motivo por el que se ríe la audiencia»[188].

El final de Sgt. Pepper's Lonely Hearts Club Band, que se funde con el comienzo de With a Little Help From My Friends, no es sólo una transición que tiene como objetivo simular la atmósfera de un concierto. Es, además, un primer intento de algo que reaparece en discos posteriores de la banda: primero en el *White Album* (Back in the USSR/Dear Prudence) y, sobre todo, en el Medley, la opereta del lado B de *Abbey Road*.

Los gritos de la audiencia al final de la canción fueron tomados de unos conciertos que dieron los Beatles en 1964 y 1965, inéditos hasta ese momento, pero publicados en 1977 bajo el nombre *The Beatles at the Hollywood Bowl*. En plena Beatlemanía, los cuatro Beatles solían utilizar algunos trucos escénicos (como saludar a la gente, bailar como Elvis o agitar la cabeza) para enmascarar sus errores musicales entre los gritos del público; de manera similar, los gritos de la audiencia del final de esta canción y el comienzo de la siguiente cubren la edición entre ambas pistas.

Do you need anybody? With A Little Help From My Friends

La segunda canción de *Sgt. Pepper* introduce a Billy Shears, una de las estrellas del show y de la banda del sargento Pepper. Los aplausos de la audiencia que se oyen en los primeros segundos no se vuelven a escuchar hasta casi el final del disco, justo cuando termina el Reprise y comienza A Day in the Life. La ilusión sonora de que estamos en un concierto pasa a un segundo plano hasta ese momento.

Aunque es la estrella del espectáculo, Billy Shears es un cantante vulnerable y vergonzoso; está ansioso, duda de su capacidad para afinar y tiene miedo de la soledad, pero confía en que podrá resolverlo con un poco de ayuda de sus amigos. El nombre del protagonista de la canción (que se podría traducir como *Guille, el tijeras*) se ubica dentro de la línea de nombres propios tomados de sustantivos. Es, según Paul, «otro de esos nombres que suenan a compañero de colegio»[189], y refleja la influencia de la narrativa infantil en la obra de los Beatles. Podríamos citar otros personajes similares de este disco como Sgt. Pepper (el sargento Pimienta) y

Mr. Kite (el señor Cometa), además de Rocky Raccoon (Rocky Mapache) del *White Album* y Mean Mr. Mustard (el mezquino señor Mostaza) y Polythene Pam (Pam, la de polietileno) de *Abbey Road*.

El timorato Billy Shears, que necesita desesperadamente la ayuda de sus amigos, es convenientemente interpretado por Ringo: el único Beatle que no participó en la selección de los personajes de la portada, quien describió su papel en la creación de *Sgt. Pepper* como «casi un músico sesionista» y quien era comúnmente percibido como el miembro menos intelectual de los cuatro.[190] Billy Shears/Ringo Starr responde a lo largo de WITH A LITTLE HELP FROM MY FRIENDS a las preguntas de sus amigos, en las voces de Lennon y McCartney. Este recurso musical recuerda a los coros de las tragedias griegas, que eran una especie de proyección de los pensamientos y sentimientos de la audiencia que contemplaba la obra.

El tema fue compuesto específicamente para Ringo, que solía cantar uno en cada disco (generalmente un *cover*). Hunter Davies, el biógrafo oficial de los Beatles, que participó de la sesión de composición de esta canción, confirma que «sabían que tendría que ser algo para los niños, una canción para cantar en grupo»[191] (como había sido ya YELLOW SUBMARINE). «Este es el papel que Ringo juega en los Beatles: el niño animado, feliz de ser parte de la banda, pero atormentado por el temor de que se haya cometido un gran error. [...] Está nervioso porque, como dice en WITH A LITTLE HELP FROM MY FRIENDS, podría desafinar y demostrar que realmente no armoniza con el grupo»[192].

Todas sus participaciones como cantante principal en la discografía de los Beatles tienen esa actitud rezagada e insegura. Es casi como un hermano menor de los otros tres. Las canciones que canta hablan de fantasías y sueños infantiles (YELLOW SUBMARINE, OCTOPUS'S GARDEN, GOOD NIGHT), del desconcierto ante las complejidades del amor y las relaciones (WHAT GOES ON, HONEY DON'T, DON'T PASS

Me By) y del deseo de pertenecer y ser valorado (I Wanna Be Your Man, Boys, With a Little Help from My Friends). En The Continuing Story of Bungalow Bill, John invita a «todos los niños» a repetir el estribillo después de él; la voz que dirige ese coro infantil es la de Ringo.[193] Matchbox dice directamente: «Nunca he sido feliz, porque todo lo que hago está mal». Y en Act Naturally, cantando en primera persona como «el tonto más grande que jamás alcanzó la fama», dice que, para interpretar a un hombre triste y solitario, ni siquiera tiene que ensayar: sólo tiene que actuar con naturalidad.

The girl with the kaleidoscope eyes: Lucy in the Sky with Diamonds

Lucy in the Sky with Diamonds es una reelaboración de Lennon de múltiples influencias, en especial de la obra de Lewis Carroll. Lucy es como una Virgilio psicodélica que nos conduce a través de un viaje poblado por figuras fantásticas y paisajes de colores contrastantes. «El surrealismo tuvo un gran efecto en mí porque me di cuenta de que la fantasía de mi mente no era una locura. La visión psicodélica es una realidad en mí»[194], dijo Lennon en una ocasión.

Toda la canción tiene un tono pictórico y contemplativo: nos invita a imaginarnos navegando en un barco a través de un río rodeado de árboles de mandarina y cielos de mermelada. Entre la lánguida corriente escuchamos la voz de Lucy, una chica con ojos de caleidoscopio.* Empezamos a seguirla mientras camina por un catálogo surreal: gente que come malvaviscos en caballos de juguete, flores de celofán que crecen hasta alturas increíbles, taxis de periódico y mozos de plastilina con corbatas de espejos.

---

*.   John diría posteriormente que esta chica con ojos de caleidoscopio era su imagen inconsciente de una mujer que un día llegaría para salvarlo. «Resultó ser Yoko, aunque aún no la había conocido», dijo.

Un rumor convirtió a esta canción en un himno lisérgico. Se decía que Lucy in the Sky with Diamonds era un acrónimo de la droga popularmente conocida como LSD (dietilamida de ácido lisérgico). Varios aspectos de la canción parecen apuntar a esa dirección. La letra parece un viaje psicodélico; desde «imaginate flotando sobre una barca» hasta «imaginate subido en un tren, en una estación», todas las imágenes sugieren una percepción bastante maleable del tiempo y el espacio. Además, la sinestesia de varias escenas recuerda la experiencia de «escuchar el color de tus sueños» de Tomorrow Never Knows, una canción escrita bajo la influencia del LSD. A nivel musical, la mezcla de la canción parece recrear un viaje lisérgico, y el uso del eco refuerza la sensación alucinógena.

Lennon, sin embargo, que nunca fue tímido al respecto de su relación con las drogas y la inspiración musical tomada de ellas —en casos como She Said She Said, Doctor Robert o la misma Tomorrow Never Knows—, siempre negó (tanto en público como en privado) esta acusación. Según John, el título y la idea de la canción vienen directamente de este dibujo, hecho por su hijo Julian en la guardería a comienzos de 1967 y dedicado a su amiga Lucy O'Donnell.*

---

*.   El dibujo original esta en propiedad de David Gilmour de Pink Floyd.

Usando el dibujo como inspiración, Lennon visitó imágenes de su propia infancia, especialmente algunas tomadas de *A través del espejo y lo que Alicia encontró allí* y *Las aventuras de Alicia en el País de las maravillas* de Lewis Carroll, dos de sus libros de infancia favoritos. En una entrevista de 1965 confesó que leía ambos una vez al año, y hablando de ellos, McCartney también dijo: «Conocíamos esos libros más que ningún otro»[195].

La influencia de Lewis Carroll es evidente en *In His Own Write* y *A Spaniard in the Work*, los libros que Lennon publicó en 1964 y 1965 respectivamente. Sin embargo, la sombra de Carroll no se mostró claramente en sus canciones hasta este período. En una entrevista de 1980, Lennon dijo, hablando de LUCY IN THE SKY WITH DIAMONDS: «Las imágenes eran de *Alicia en el País de las maravillas*. En el bote, estaba Alicia. Ella está comprando un huevo y se da vuelta y ve a Humpty-Dumpty. La mujer que sirve en el negocio se convierte en una oveja y, un segundo después, están remando en un bote en algún lado; yo estaba visualizando todo eso»[196].

Lennon se refiere a los capítulos 5 y 6 del libro *A través del espejo y lo que Alicia encontró allí* ("Lana y agua" y "Humpty Dumpty" respectivamente). Allí se relatan las aventuras en bote de Alicia y la Reina Blanca —que se convierte en oveja—, y su encuentro con Humpty-Dumpty. Ulteriores referencias a la obra de Carroll en la canción pueden ser las «flores de celofán amarillas y verdes sobre tu cabeza» y las «flores que crecen increíblemente altas», una posible referencia al capítulo 2 del mismo libro: "El jardín de las flores vivientes".

Existe también una intertextualidad con *The Goon Show*, un programa de comedia creado por Spike Milligan, Peter Sellers y Harry Secombe, y transmitido por la BBC entre junio de 1952 y enero de 1960. *The Goon Show* popularizó el humor surrealista en la Inglaterra de los cincuenta. Los Beatles fueron grandes admiradores del programa; la gracia y la chispa que transmitían en sus entrevistas y conciertos —una de las cosas que más impactó a su mánager Brian Epstein cuando los conoció— eran en parte una herencia de este show. Lennon confesó a Milligan (que era su amigo), que los «mozos de plastilina que tienen corbatas de espejo» en LUCY IN THE SKY WITH DIAMONDS son un guiño a las «corbatas de plastilina» que se mencionaban a veces en *The Goon Show*.[197]

Además de la referencia a la cultura y la música psicodélica, la canción muestra también un diálogo interesante con la música clásica de la India. En primer lugar, por el uso de un instrumento indio llamado tambura, que produce un sonido constante durante las estrofas. En segundo lugar, por la incorporación de un rasgo estilístico en las partes intermedias; en palabras de George Harrison:

> En la música india, la parte cantada viene acompañada por un instrumento llamado sarangi, que tiene un sonido similar a la voz humana; el vocalista y el sarangi hacen más o menos lo mismo, al unísono. Para LUCY IN THE SKY WITH DIAMONDS pensé en aprovechar esta idea, pero, como no sé tocar el sarangi, probé hacerlo con la guitarra. En los intermedios se puede escuchar la guitarra que suena al unísono con la voz de John. Estaba buscando copiar la música clásica india.[198]

I can't complain: GETTING BETTER

Una canción escrita mayoritariamente por McCartney, con algunos aportes testimoniales de Lennon —las referencias al enojo de la juventud, los problemas en la escuela, la violencia contra su pareja—. Habla de la frustración ante las estructuras externas y los demonios internos, pero con esperanza de transformación personal de cara al futuro.

Al igual que A Hard Day's Night y Tomorrow Never Knows, dos canciones derivadas de frases dichas por Ringo, Getting Better nació de algo que decía reiteradamente Jimmy Nicol, el baterista que reemplazó a Starr (que estaba enfermo) durante algunos conciertos de 1964. George Martin lo convocó el 3 de junio, en plena Beatlemanía; esa misma tarde conoció a John, Paul y George, y la noche siguiente ya estaba tocando con ellos en Copenhague. Después de cada concierto, John y Paul se acercaban a Jimmy Nicol y le preguntaban cómo le iba. Lo único que decía Nicol, abrumado por la presión de tocar con ellos, era «It's getting better» (va mejorando).[199]

Una de las cosas más interesantes de la canción son las respuestas del coro (cantado por Lennon), que a veces reafirman y otras veces contradicen las palabras de la voz principal (a cargo de McCartney). El estribillo presenta una ambivalencia: Paul afirma «tengo que admitir que va mejorando, la cosa va cada vez mejor», a lo que Lennon responde «no podría ponerse peor». Getting Better es un ejemplo bastante ilustrativo de los estilos de ambos compositores y cómo complementaban sus mutuos excesos: el optimismo de McCartney, siempre enamorado y radiante hasta el punto de volverse chato, y la nota ácida del crudo realismo confesional de Lennon.

Además de ser una muestra de los estilos compositivos, esta indeterminación de los sentidos es una característica típica de la obra de los Beatles; McCartney ha dicho precisamente que la obra de la banda es siempre ambigua.[200] «Una canción de los Beatles no ofrece la pontificación de un sermón, sino la abierta terminación de un diálogo donde la próxima palabra la tiene el lector. [...] Tanto lírica como musicalmente, las canciones de los Beatles se resisten al cierre»[201]. Esta indeterminación es otra muestra de la influencia de Chuck Berry y otros artistas de blues y R&B que, para evitar la censura, se refugiaban en la ambigüedad del lenguaje.

Un elemento interesante de la canción es el uso de frases voluntariamente agramaticales. La segunda estrofa cambia los pronombres *I* y *my* por *me*. Según el propio McCartney, este recurso fue un tributo a la forma de escribir canciones de la tradición afroamericana (mencionó precisamente a Chuck Berry, al argot de Jamaica y a una canción de Elvis Presley). «En la escuela, los maestros hubieran dicho que era una gramática horrible; y uno podría responder: "Es cierto, pero ¿no te parece fantástica?"»[202].

En esa misma estrofa se utiliza otra frase agramatical: «Me hiding me head in the sand». En RUN FOR YOUR LIFE de 1965 se usa la misma expresión: esconder la cabeza bajo la arena. La cita de esa frase de *Rubber Soul* es ciertamente estratégica, ya que en esa canción aparece claramente la temática de los celos y la violencia hacia su pareja. «Como no podía expresarme, golpeaba»[203], confesó Lennon.

RUN FOR YOUR LIFE comienza con una cita de BABY, LET'S PLAY HOUSE, una antigua canción de Elvis, que decía: «Prefiero verte muerta antes que verte con otro hombre». A partir de ahí, desarrolla una letra de lo más perturbadora: «Sabés que soy un hombre malvado y nací con una mente celosa», «te conviene correr por tu vida y esconder tu cabeza bajo la arena. Atraparte con otro hombre es el final».

GETTING BETTER parece una respuesta a aquella canción. La última estrofa dice: «Yo era bastante cruel con mi mujer; le pegaba y nunca le dejaba hacer lo que ella quería. Fui bastante malo, pero de a poco voy cambiando; estoy haciendo lo mejor que puedo». Si en RUN FOR YOUR LIFE, el narrador (que es un novio celoso) le dice a su novia que escondiera su cabeza en la arena porque si la ve con otro hombre, la mata, en GETTING BETTER reconoce haber sido un golpeador de su mujer y haber tenido él mismo la cabeza escondida en la arena por causa del miedo y la ira.

Bajo la influencia feminista de Yoko Ono, Lennon renunció más explícitamente a ese pasado; años después reconocería: «Creo sinceramente en el amor y la paz. Soy un hombre violento que ha aprendido a no ser violento y lamenta su violencia»[204]. Sus celos y violencia volverían a aparecer en JEALOUS GUY (1971), pero con un tono totalmente diferente: «Me sentía inseguro, pensaba que ya no me amabas. Temblaba por dentro. No quise lastimarte, lamento haberte hecho llorar. Sólo soy un tipo celoso».

Un poco más adelante, GETTING BETTER dice «you gave me the word», una frase de difícil traducción, pero que podría entenderse como «me diste tu palabra» o «me hablaste», pero que en inglés también tiene la connotación de «me diste el sí» (en el contexto del cortejo). La frase remite a THE WORD, otra canción de *Rubber Soul*, que evoca el cortejo y el matrimonio, pero mucho más afirma la idea de que el amor es una fuerza espiritual: «La palabra es amor», «decí la palabra y serás libre», «la palabra es el único camino», «vine para mostrar a todos la luz», etc. El uso de la tambura (un instrumento central para la música clásica de la India) en la cuarta estrofa de GETTING BETTER refuerza esta connotación religiosa.

Where I belong, I'm right: FIXING A HOLE

Si LUCY IN THE SKY WITH DIAMONDS de Lennon explora algunas percepciones sensoriales asociadas con el LSD, FIXING A HOLE de McCartney hace lo mismo con el cannabis: «Quiero ser lo suficientemente libre como para dejar que mi mente deambule: permitirme ser artístico y no burlarme de las cosas de vanguardia»[205], dijo al respecto. La canción es una celebración de la imaginación que se resiste a los barrotes que quieren limitar que la mente deambule por donde quiera; el descargo se parece a GETTING BETTER, que hablaba de unos profesores anticuados del colegio que lo reprimían y atiborraban de reglas. Al narrador no le importa si tiene o no razón: si está siguiendo su brújula interior, está donde debe estar.

Siguiendo un consejo de sus asesores económicos, McCartney compró en junio de 1966 una granja en High Park, Escocia, no muy lejos del Mull of Kintyre (que inspiraría la canción homónima de 1977 de Wings, la nueva banda de Paul). El terreno contaba con 400 acres para pastoreo, además de una casa que no había sido habitada en cinco años y estaba en muy mal estado debido al azote constante de la lluvia y los vientos marinos. Según el recuerdo de Alistair Taylor, el asistente de Brian Epstein que acompañó a Paul y a su novia Jane Asher a conocer la propiedad, McCartney «fue a Campbeltown y compró muchos paquetes de bolígrafos de colores. Los tres pasamos las siguientes horas simplemente garabateando en todos estos colores, extendiéndolos por toda la pared e intentando aliviar la penumbra»[206].

El recurso dialógico más notable de la canción es la mezcla de géneros. FIXING A HOLE recupera mucho de la tradición del jazz y el pop norteamericano —obras del compositor George Gershwin, por ejemplo—, del music hall, la música de banda de desfile y la música de Broadway, pero combina todas esas influencias (que McCartney siempre conecta con la figura de su padre y la música que escuchaba de pequeño), con el rock and roll (el sonido y la interpretación de la guitarra se inscriben precisamente en este género). Incluso la frase «I'm fixing a hole where the rain gets in» es probablemente un guiño rockero a «there's a hole in the roof where the rains pours in», de la canción de Elvis WE'RE GONNA MOVE de 1956. Además, al igual que en la canción anterior, se escucha la tambura, el tradicional instrumento clásico indio.

The one thing that money can't buy: SHE'S LEAVING HOME

Esta canción —que profundiza el estilo cinematográfico que Paul había probado ya en ELEANOR RIGBY y FOR NO ONE de *Revolver*— es una novelización de la siguiente noticia que McCartney leyó el 27 de febrero de 1967 en el periódico londinense *Daily Mail*:

Era la historia de Melanie, hija de John y Elsie Coe, que vivían en Stamford Hill, al norte de Londres: una chica de 17 años «de buena familia» que huyó de su hogar sin dejar rastro. «Parecía tenerlo todo», pero se fue sin siquiera llevarse «su armario lleno de ropa», decía el periódico, «se llevó sólo lo qué tenía puesto». En la noticia aparecía un pequeño fragmento de la entrevista a su padre, quien había pasado «todo el día de ayer en la búsqueda de su hija en Londres y Brighton»: «No puedo imaginar por qué se escapó», decía, «ella tiene todo acá... incluso su abrigo de piel».

Coincidentemente, Melanie Coe había conocido a los Beatles en 1963. Había sido la ganadora de una competencia de mímica del programa *Ready Steady Go!* El viernes 4 de octubre, justo el mismo día en que los Beatles tocaron en ese show por primera vez, ella asistió para recibir su premio (que le entregó Paul).

El 16 de noviembre de 1966, no mucho antes de que Paul escribiera la canción, la BBC había estrenado *Kathy Come Home*, una película dirigida por Ken Loach que mostraba la realidad de la crisis habitacional, el desempleo y las personas sin techo de una manera cruda y realista. La película fue vista por doce millones de espectadores (un cuarto de la población británica de la época) y tocó una fibra social sensible. Además, «el tema de los adolescentes fugitivos era de actualidad en 1967. Como parte de la creación de una sociedad alternativa, el gurú de la contracultura Timothy Leary había instado a sus seguidores a abandonar la educación y el empleo tradicional. Como resultado, multitudes de jóvenes se dirigieron a San Francisco, centro del Flower Power»[207]. Ese año, el FBI anunció un récord de noventa mil fugitivos. Ese entramado social es el telón de fondo de She's Leaving Home.

La canción es uno de los logros narrativos de McCartney. En pocos y vívidos trazos, la canción pinta un panorama de la brecha generacional de la segunda posguerra: la infantilización de la hija por parte de los padres —«nuestra bebé se ha ido» dice la mujer—, el nuevo lugar de la juventud en el contexto de la contracultura de los sesenta y las expectativas económicas asociadas con la vida adulta. Los padres reconocen que le dieron «todo lo que el dinero puede comprar», pero, como decía Can't Buy Me Love, la canción de los Beatles de 1964, el amor no se puede comprar (y la diversión y la felicidad, dice She's Leaving Home, tampoco).

Paul adopta a lo largo de la canción un lenguaje típico de las novelas, como el uso de los adverbios «silently» (silenciosamente) y «quietly» (tranquilamente), y la enumeración de sucesos contemporáneos («mientras va amaneciendo…» o «el padre ronca mientras su esposa se pone la bata»). En los estribillos, la voz de McCartney continúa narrando la historia desde el punto de vista objetivo del novelista mientras Lennon encarna la voz subjetiva de los padres. Las frases de John están basadas en los dichos típicos que le repetía su tía Mimi, con la que vivió la mayor parte de su infancia y adolescencia. McCartney describió este contracanto de Lennon como "coro griego".[208]

De todas las canciones de *Sgt. Pepper*, esta es sin dudas la más clásica, tanto en su instrumentación —un noneto de cuerdas y un arpa— como en su estilo —reminiscente de la música de cámara del siglo XIX, con un poco de influencia francesa—. La música, que transmite cierta ambigüedad armónica, evoca los sentimientos encontrados de libertad y angustia de la chica y sus padres.[209]

What a scene! BEING FOR THE BENEFIT OF MR. KITE

Esta canción, una de las más interesantes del catálogo de los Beatles desde una perspectiva intertextual, fue escrita por Lennon como un «mero trabajo poético, sólo para escribir una canción mientras estaba sentado»[210]. Si Paul es el maestro de ceremonias que al comienzo del disco hace todo lo posible por ganarse el corazón de su audiencia, John se asemeja más a un pregonero inquietante y enigmático.

El 31 de enero de 1967, el día después del concierto de los Who y The Jimi Hendrix Experience en el teatro Saville, Lennon compró en un anticuario un afiche de la era victoriana. El cartel, impreso en 1843, anunciaba "la noche más grandiosa de la temporada". Fue en Knole Park, cerca de Sevenoaks, en Kent, durante una pausa del segundo y último día de grabación de los videos promocionales de Strawberry Fields Forever y Penny Lane.

> Tuvimos una pausa para comer, entré en el negocio y compré un viejo manifiesto que publicitaba un espectáculo de variedades en el que se exhibía Mr. Kite.
>
> Decía que también estarían los Henderson de la feria de Pablo Fanques. También habría malabaristas y caballos, y uno habría pasado a través de un aro de fuego. Después estaba Henry, el caballo. La banda habría comenzado a las seis menos diez. Todo en Bishopsgate. Yo integré alguna que otra palabra solo para conectar todo. Realmente, todo literal.[211]

A continuación, el afiche original que inspiró la canción y su transcripción al inglés.

Pablo FANQUE'S CIRCUS ROYAL, TOWN MEADOWS, ROCHDALE. Grandest Night Of The Season! AND POSITIVELY THE LAST NIGHT BUT THREE! BEING FOR THE BENEFIT OF MR. KITE, (LATE OF WELLS'S CIRCUS) AND MR. J. HENDERSON, THE CELEBRATED SOMERSET THROWER! WIRE DANCER, VAULTER, RIDER, etc. On TUESDAY Evening, February 14th, 1843. Mssrs. KITE and HENDERSON, in announcing the following Entertainments ensure the Public that this Night's Production will be one of the most splendid ever produced in this Town, having been some days in preparation. Mr. Kite will, for this night only, introduce the CELEBRATED HORSE ZANTHUS! Well known to be one of the best Broke Horses IN THE WORLD!!! Mr. HENDERSON will undertake the arduous Task of THROWING TWENTY-ONE SOMERSETS, ON THE SOLID GROUND. Mr. KITE will appear, for the first time this season, On The Tight Rope, When Two Gentlemen Amatuers of this Town will perform with him. Mr. HENDERSON will, for the first time in Rochdale, introduce his extraordinary TRAMPOLINE LEAPS AND SOMERSETS! Over Men & Horses, through Hoops, over Garters and lastly through a Hogshead of REAL FIRE! In this branch of the profession Mr. H challenges THE WORLD! For particulars see Bills of the day.

El afiche se refiere a varios personajes históricos. William Kite era un artista polifacético e hijo de un propietario de circo, James Kite. Se cree que trabajó entre 1843 y 1845 en el circo de Pablo Fanque, otro artista con múltiples talentos que se convirtió en el primer propietario de circo negro en Gran Bretaña; su verdadero nombre era William Darby (adoptó el nombre artístico Pablo Fanque en la década de 1830). Los Henderson —que viajaron por toda Europa y Rusia durante las décadas de 1840 y 1850— eran John (caminante de cuerda floja, ecuestre, trampolinista y payaso) y su esposa Agnes, hija de Henry Hengler, también propietario de un circo.[212]

No todo es completamente literal como dijo Lennon. No es Mr. Kite quien desafía al mundo, sino Mr. Henderson. Los Henderson no son los miembros originales de la feria de Pablo Fanques, sino que Mr. Kite había sido miembro del circo de Well. En el original dice Rochdale, no Bishopsgate (Lennon lo cambió para que rimara con «Don't be late!»). Además, no es una feria (*fair*), sino un circo (*circus*). Finalmente, en el original el caballo no se llama Henry, sino Zanthus.

«Being For The Benefit Of Mr. Kite! evoca un sentido de nostalgia a través de su referencia al circo, algo conectado típicamente con la infancia, mientras ofrece un giro psicodélico moderno al espectáculo surreal»[213]. La frase que da título a la canción —que se puede traducir como "A beneficio de", aunque no tiene exactamente el mismo significado— era una expresión usual de los anuncios de espectáculos de variedades en la Inglaterra del siglo XIX. Para reforzar estas resonancias, Lennon recupera arcaísmos del inglés, como «hogshead» (círculo) o «garters» (ganchos); la letra está llena de giros lingüísticos tomados del lenguaje de los antiguos vendedores y mercachifles.

Lennon pidió específicamente a George Martin que intentara recrear la atmósfera de un circo: «Quiero poder oler la arena del piso», le dijo. «Sabía que hacía falta un lavado de cara, una mezcla total de sonidos», confesó Martin en retrospectiva, «algo similar a lo que pasa en un parque de diversiones: uno cierra los ojos y escucha disparos de rifles, sonidos de calíope, gente que grita y, a lo lejos, un tremendo ruido caótico»[214].

Para simular esa atmósfera circense, se utilizó un método *avant-garde*. A partir de secciones de aproximadamente dos minutos de música de marcha —mayormente, obras del compositor y director de orquestas norteamericano John Phillip Sousa, autor de THE STARS AND THE STRIPES FOREVER—, se cortaron las cintas en trozos de cuarenta centímetros, se mezclaron, se tiraron al aire, se recogieron de forma azarosa y se integraron finalmente en una pista de audio aleatoria y totalmente nueva.

The space between us all: WITHIN YOU WITHOUT YOU

Después del caos circense con el que cierra el lado A de *Sgt. Pepper's Lonely Hearts Club Band*, el lado B nos transporta a la serenidad oriental. George Harrison afirmó que esta canción, su única contribución al disco, «era un intento de hacer una canción pop occidental con esos instrumentos y sonidos»[215]. Esa es la clave poética para entender esta obra que integra elementos de Oriente y de Occidente.

El interés de Harrison por la música, la cultura y la religión de la India tenía ya dos años (desde que conoció a unos músicos indios en la grabación de la película *Help!*). Si McCartney se caracteriza por celebrar y convertir en arte una tradición cultural conocida —el folclore, el music hall y las costumbres del norte de Inglaterra—, el caso de Harrison está en las antípodas: lo que le fascinaba de la cultura y las postales cálidas y luminosas de Oriente era su absoluta diferencia con el paisaje frío, oscuro y gobernado por una moral cristiana en el que había crecido.

Harrison tomó lecciones en la India con el maestro del sitar Ravi Shankar, quien le regaló *Autobiografía de un Yogui*, de Paramahansa Yogananda. En Norwegian Wood de *Rubber Soul* tocó el sitar,* y para *Revolver* compuso Love You To. Sin embargo, Within You Without You fue la primera vez que integró de manera holística tanto la sonoridad como la filosofía y religión de la India: «Un logro notable para alguien que apenas había tenido contacto durante dieciocho meses con la música clásica hindustaní»[216].

Las ideas filosóficas que subyacen en la canción están en buena medida basadas en sus lecturas de los libros de Paramahansa Yogananda y Swami Vivekananda. Utilizaría directamente intertextos religiosos orientales en otras dos ocasiones en su tiempo con los Beatles: The Inner Light —lanzada como lado B de Lady Madonna— es una reelaboración de un texto chino clásico, el *Tao Te Ching*, mientras que While My Guitar Gently Weeps —del *White Album*— está inspirada en el *I Ching*.

La letra de la canción gira alrededor de algunas ideas filosóficas centrales del hinduismo. La frase «estuvimos hablando del espacio que hay entre nosotros y de la gente que se esconde detrás de un muro de ilusión sin vislumbrar nunca la verdad» deja entrever la concepción hindú del *māyā*, la idea de que el universo material no es más que una ilusión que mantiene a las personas cegadas a fin de que no experimenten la iluminación espiritual. También se percibe la noción de la muerte del ego, un elemento clave del

---

*.   Algo que habían hecho poco antes los Yardbirds en Heart Full of Soul y los Kinks en See My Friends.

hinduismo para poder liberarse espiritualmente (*moksha*) y abandonar las reencarnaciones cíclicas (*samsara*).

WITHIN YOU WITHOUT YOU fue escrita en una reunión en Rainspark, en la casa de Klaus Voormann, uno de los amigos que los Beatles hicieron en su tiempo en Hamburgo. Harrison, que estaba fascinado con el armonio de pedal que tenía Voormann, empezó esa misma noche a trabajar en la canción; la letra mantiene esa referencia: tres estrofas (que empiezan con la frase «estábamos hablando de…») mencionan explícitamente las conversaciones que mantuvieron. La versión final de la canción tomó su forma inspirada por una pieza que Ravi Shankar compuso para All-India Radio.

Según el recuento de uno de los asistentes, fue «un típico asunto hippie de los sesenta: gente fumando porro y muchas ideas cósmicas flotando. Todos hablábamos sobre el muro de ilusión y el amor que fluye entre nosotros, pero nadie sabía bien de qué estábamos hablando»[217].

En *The Psychedelic Experience*, Timothy Leary y sus asociados hablan en términos bastante similares a los de Harrison: «El flujo de vida está girando a través tuyo. Un desfile interminable de formas puras y sonidos, deslumbrantes, brillantes, siempre cambiantes. […] Disfrutá de la sensación de total unidad con toda la vida y toda la materia. El radiante resplandor es un reflejo de tu propia consciencia»[218]. La sinergia de la contracultura de los sesenta entre la experiencia psicodélica de las drogas y la espiritualidad de las religiones orientales aparece aquí con toda claridad: la angustia ante la sociedad engañada por espejismos, la amenaza de la muerte, la mística del amor universal, la paz interior, la espiritualidad solipsista y el ciclo vital que fluye incansablemente por dentro y por fuera, etc.

WITHIN YOU WITHOUT YOU «representa un intento exitoso de llevar una tradición musical mística al dominio de la música contemporánea, formando una interacción atractiva de ideas musicales orientales y occidentales»[219]. El diálogo de influencias se da sobre todo en la música, pero también se percibe en la poesía; aunque está estructurada a partir de conceptos religiosos de la India, incluye la frase «la gente que gana el mundo, pero pierde su alma», una cita literal de algo que dice Jesús en los evangelios: «Porque ¿qué aprovechará al hombre si ganare todo el mundo y perdiere su alma?» (Mateo 16:26).

A nivel musical, el diálogo Oriente/Occidente se da, en primer lugar, a nivel de los instrumentos utilizados. «En lugar de usar un solo instrumento de zumbido, se combinaron tres tamburas para crear un jivari pulsante más denso de lo habitual»[220]. Además de la tambura, se usan cuatro instrumentos orientales: el sitar, la swarmandella, la tabla y el dilruba. Todo eso fusionado orgánicamente con instrumentación occidental (violines y violonchelos). En segundo lugar, la canción fusiona una estructura oriental (un género de la música clásica de la India conocido como *raga*) con un sentido de la forma occidental; el arreglo de cuerdas se inscribe en la tradición de la música clásica y la duración y los momentos de la canción respetan muchos implícitos de la música pop.

A través de Harrison, la influencia de la filosofía, la música y la religión de Oriente se extendió a los demás: «Toda una cosmovisión asociada con la meditación trascendental y un lenguaje asociado con ella se volvieron parte de la música de los Beatles»[221]. El tono mesiánico y religioso asociado a la palabra autorizada de los Beatles como catalizadores culturales —un tono que ya habían utilizado en The Word («vine para mostrar a todos la luz»)— aparece aquí en todo su esplendor: «Con nuestro amor podríamos salvar el mundo».

Sin embargo, en el contexto del disco, y siendo la canción que abre la segunda parte del "show dentro del show", la denuncia a «esa gente que vive detrás de un muro de ilusión» rompe la cuarta pared (valga la redundancia): nos recuerda el artificio en el que estamos participando, el concierto ficticio de la banda del sargento Pepper.[222]

Y no es la única ruptura del pacto de la ficción. Al final de WITHIN YOU WITHOUT YOU escuchamos unas risas espasmódicas de Harrison, que se sumaron a la mezcla en el último día de grabación de la canción (que también fue el último de *Sgt. Pepper*). La risa corta por completo el tono solemne de la pieza; hay varias interpretaciones sobre esto. Según George Martin, Harrison «no quería que la gente pensara que estaba siendo demasiado serio»[223]. Profundizando esa idea, Matthew Schneider sostiene que, después de haberse atribuido la prerrogativa de un gurú que se brinda para iluminar a un mundo confundido, Harrison decidió añadir unos segundos «del tipo de risa enlatada que se escucha después de las bromas en una sitcom de televisión. La risa socava la seriedad filosófica de las letras, como si sugiriera que todo ese rollo sobre el amor y el espíritu no es más que un montón de tonterías»[224].

Otra posibilidad, según Sheila Whiteley, refuerza las costuras conceptuales del disco: la idea de que somos parte de la audiencia que observa el show de la banda del sargento Pepper. En ese sentido, se puede interpretar la risa como una participación de la audiencia (que estaba en silencio desde el final de la primera canción) que libera la tensión después de tanta solemnidad. Esta pieza de Harrison, aunque única dentro del show de *Sgt. Pepper*, sería así un número exótico con influencia oriental (algo que no era ajeno a los espectáculos de music hall).[225]

Many years from now: WHEN I'M SIXTY-FOUR

Paul McCartney escribió esta canción en el piano de su padre en Forthlin Road, Liverpool, a finales de los años cincuenta. «Pensé que estaba escribiendo una canción para Sinatra»[226]. Es un tributo a su padre Jim, que en su juventud tocó ese tipo de música. Cuando la escribió, Paul tenía alrededor de 15 años; hacía poco se había incorporado a los Quarrymen de Lennon. No mucho después, los Beatles empezaron a tocarla en sus conciertos cuando se cortaba la amplificación. Cuando su padre cumplió sesenta y cuatro años, el 7 de julio de 1966, pocos meses antes de comenzar a grabar *Sgt. Pepper*, Paul recordó la canción.

WHEN I'M SIXTY-FOUR habla de envejecer junto a una persona amada y de las minucias de la vida cotidiana.* El narrador imagina un futuro de arreglar cosas en la casa, tejer junto al fuego, pasear los domingos por la mañana, alquilar una cabaña durante las vacaciones y cuidar el jardín y a los nietos. El estribillo, que se repite tres veces, destaca el núcleo de la canción: «¿Me seguirás necesitando y alimentando cuando tenga sesenta y cuatro?». Si no fuera por el tono pícaro de la música y la interpretación de McCartney, la pregunta podría interpretarse en un sentido más sombrío.

La canción recupera paródicamente elementos antiguos del vodevil, la opereta y el music hall de George Formby, algo que hacían bandas de la época como The Temperance Seven, The New Vaudeville Band y The Bonzo Dog Doo-Dah Band (que hace un cameo en la película *Magical Mystery Tour*). Paul describió la canción como una parodia de la vida en el norte de Inglaterra,[227] lo que se refuerza a nivel literario en el uso de pautas estilísticas de diferentes tipos de textos: canciones de amor, formularios y cartas. Para reforzar el tono ligero y humorístico de la canción y para que la voz de McCartney sonara como un adolescente (lo que era cuando la escribió), George Martin aceleró la velocidad de la

---

*. Este segundo tópico reaparece un poco más adelante y con un tono más sarcástico en GOOD MORNING GOOD MORNING de Lennon.

mezcla final, lo que levantó los agudos de su voz en un semitono.[228] Finalmente, McCartney ha reconocido que la frase «¿me vas a seguir alimentando?» y los nombres de los nietos (Vera, Chuck y Dave) son pequeños guiños al humor característico de *The Goon Show*.[229]

Paul tenía 24 años cuando grabó WHEN I'M SIXTY-FOUR, y cumplió sesenta y cuatro en 2006. Su canción propone un extraño juego temporal (que se suma a las tensiones entre presente y pasado que atraviesan todo *Sgt. Pepper*): usa una música, un lenguaje y una actitud del pasado para imaginar cómo será el futuro.

Where would I be without you? LOVELY RITA

Lennon consideraba esta canción de McCartney como una de las más flojas del catálogo de los Beatles. Es una de sus típicas "canciones de novelista". El narrador relata, en primera persona, su encuentro casual con una policía de tránsito: «Estaba al lado del parquímetro cuando vi a Rita que anotaba una multa en su cuadernito blanco. Con la gorra puesta, parecía mucho mayor; el bolso en los hombros la hacía parecerse a un militar». Después de una cita, la historia termina con el narrador sentado en un sofá junto a Rita y sus hermanas.

El puntapié inicial de LOVELY RITA surgió una vez más de un periódico, en el que McCartney descubrió la expresión *meter maid*: un argot norteamericano utilizado para hacer referencia a los policías de tránsito. La canción también usa dos expresiones típicamente británicas: «Give us a wink» y «may I inquire discreetly». Esta segunda expresión terminaba con la invitación a tomar un té, lo que se interpretó en ocasiones como un argot para referirse a la marihuana (tal como se usa en la novela *On The Road* de Jack Kerouac).

Tanto la composición como la producción de la canción tienen un tono evidentemente paródico; McCartney, de hecho, describió reiteradamente la ligera ironía de LOVELY RITA como *tongue-in-cheek*. El uso del mirlitón (un peine con papel celofán) y la incorporación de sonidos vocales que imitan instrumentos musicales como las maracas o el cencerro refuerzan la actitud paródica. Esto también puede ser una reminiscencia del *skiffle*, el estilo musical que tocaban John, Paul y George en los Quarrymen a fines de los cincuenta: un género caracterizado por su sencillez, que solía utilizar instrumentos no convencionales, como la tabla de lavar y el mirlitón.

Tres aspectos más llaman la atención en LOVELY RITA. En primer lugar, la canción recuerda a *Pet Sounds* de los Beach Boys, el álbum que McCartney siempre citó como la influencia fundamental de *Sgt. Pepper*. Tanto los arreglos vocales como la sonoridad prístina del tema —Paul grabó su voz a una velocidad más lenta para que, al subirla, su timbre sonara más brillante— remiten a *Pet Sounds*. En segundo lugar, el solo de piano es un ejemplo de la influencia que tuvo en los Beatles el country and western, la música del oeste norteamericano; en el *White Album*, su siguiente disco, volverían a visitar el género en canciones como DON'T PASS ME BY y ROCKY RACCOON. Finalmente, los últimos treinta segundos de la canción, que parecen una improvisación poco elaborada y con unos extraños sonidos y jadeos, quizás sean una especie de desenlace para la historia (las hermanas de Rita se fueron y el narrador se quedó solo con ella en el sofá).

I've got nothing to say but it's O.K.: GOOD MORNING GOOD MORNING

Después del optimismo desenfrenado y pueril de LOVELY RITA, Lennon firma estos "buenos días" que suenan a celebración, pero son en realidad una sarcástica declaración de su letargo y aburrimiento durante este período:

> No hay nada para hacer; para no suicidarse, llama a su mujer. No hay mucho para decir más que "¡Qué día!" o "¿Cómo están los chicos?". [...] Vas a trabajar aunque no tenés ganas; te sentís deprimido. Cuando volvés a tu casa, empezás a dar vueltas; así que salís a pasear por la ciudad. Todo el mundo sabe que no hay nada para hacer. Todo está cerrado, es una ruina. Todo el mundo está medio dormido y vos seguís solo en la calle. [...] Alguien te pregunta la hora; finalmente sos útil para algo.

Tras la finalización de las giras, Paul había tomado un lugar primordial en la dinámica de la banda, lo que llevó a que John, George y Ringo se sintieran desplazados y aburridos. McCartney dominaba el proyecto de *Sgt. Pepper*: el concepto general, la elección de las canciones, la producción, los arreglos (de hecho, en este mismo tema reemplazó a George en el solo de guitarra).

GOOD MORNING GOOD MORNING —a la que Lennon describiría tiempo después como «una tontería, un pedazo de basura»— refleja la depresión y pereza de John en esta época. Su matrimonio en crisis con Cynthia Lennon y su adicción al LSD hacían que casi no saliera de su casa, salvo situaciones eventuales —que menciona en la canción: «Dar un paseo por la vieja escuela» probablemente se refiere a su hábito de buscar a su hijo Julian en la Heath House School, y la mujer que esperaba que «apareciera en el show» es con toda seguridad Yoko Ono (a quien había conocido en noviembre de 1966)—.

Mientras McCartney tenía una vida cultural activa entre la vanguardia londinense, Lennon no sabía qué hacer con su cotidianidad y se pasaba el día frente a la televisión, donde buscaba estímulos e inspiración. Así nació la canción. De hecho, la mezcla del audio carece llamativamente de frecuencias bajas, lo que podría sugerir que estamos escuchando la canción a través de un altavoz pequeño como el que había en las radios y televisores.

«Good Morning Good Morning salió de un comercial de los cereales Kellogg's. Siempre tengo la televisión encendida en un volumen muy bajo mientras escribo; así que lo escuché y escribí la canción»[230], dijo Lennon. La publicidad a la que hace referencia, que se emitía en la televisión inglesa en esa época, decía: «¡Buen día! ¡Buen día! Lo mejor para vos cada mañana. Desayuno soleado, cereales crujientes de Kellogg's y mucha diversión»*.

El tono sarcástico de la canción redefine completamente el sentido del "buen día" de la publicidad. Lennon adopta la máscara del bufón que se burla de los hábitos sociales, las instituciones y las costumbres; por el lapso de una canción, se pone el atuendo de novelista que amaba vestir McCartney, pero cambiando la condescendencia de Paul para retratar a sus personajes por un sarcasmo cortante. Esta impronta es una constante en su poética de madurez y se convertiría, en sus tiempos de activismo político y vanguardia artística de fines de los sesenta y principios de los setenta, en su marca registrada.

La frase «it's time for tea and *Meet the Wife*» es un juego de palabras** que tiende un puente con un programa de televisión británico. *Meet the Wife* fue una serie que se emitió durante mucho tiempo por las tardes de la BBC. Es probable que Lennon esté citando el episodio "This Christmas, Shop Early", transmitido el lunes 12 de diciembre de 1966, donde se mostraba el caos producido por comprar

---

*.   «Good morning! Good morning! The best to you each morning. Sunshine breakfast, Kellogg's Corn Flakes Crisp and full of fun».

**.   Puede entenderse como «Es hora de tomar un té y *Meet the Wife*» o «Es hora de tomar un té y encontrarte con tu esposa».

los regalos navideños a último momento. Si así fuera, una frase de la canción tendría más sentido: «La gente corre para todos lados; son las cinco en punto. La ciudad va oscureciendo. De pronto todo el mundo está lleno de vida; es hora de tomar un té y *Meet the Wife*»[231].

Al comienzo y al final de GOOD MORNING GOOD MORNING se escucha el cacareo de un gallo. Es un guiño al símbolo comercial de Kellogg's (cuyo logo es un gallo) y «una llamada de atención para los "corazones solitarios" restantes. Es hora de sintonizar y "apagar" la aburrida rutina de la vida cotidiana de nueve a cinco, donde no hay "nada que hacer", "nada que decir", donde "nada ha cambiado y sigue siendo todo igual"»[232]. Es además un efecto sonoro —similar al despertador que escuchamos en este mismo disco a la mitad de A DAY IN THE LIFE— que buscar "despertar" al oyente de la experiencia psicodélica.[233]

Hacia el final del tema aparece una sucesión de ruidos de animales (león, elefante, perro, oveja, vaca, gato, caballos, etc.). «Los aparentemente aleatorios ruidos de granja del final de la canción están en realidad diseñados, por insistencia de Lennon, como una secuencia en la que cada animal sucesivo es capaz de comer a su predecesor»[234]. Todos los sonidos fueron tomados de *Volume 35: Animals and Bees* y de *Volume 57: Fox-hunt*, de la colección de EMI en Abbey Road.

Once again: SGT. PEPPER'S LONELY HEARTS CLUB BAND (REPRISE)

La idea del REPRISE (una repetición o una segunda vuelta de la canción con la que empieza *Sgt. Pepper*) se le ocurrió a Neil Aspinal, asistente personal de los Beatles, como una forma de dar un cierre a la narrativa del álbum. La letra de McCartney, igual que la que abre el disco, tiene un propósito más funcional que poético:

los miembros de la banda agradecen a la audiencia, dan unas últimas indicaciones y se despiden de su público.

La canción se parece, en su intención y lenguaje, a las frases que el mismo Paul utilizaba para cerrar los conciertos de los Beatles durante la Beatlemanía. Así, por ejemplo, el show del 23 de agosto de 1964 en el Hollywood Bowl concluyó con estas palabras: «La próxima canción va a ser la última por esta noche, sepan disculparnos. Queremos agradecer a todos los que vinieron y nos acompañaron esta noche, muchísimas gracias. Esperamos que todos hayan disfrutado del show»[235].

Para emular la energía del concierto —y lidiar con la reverberación del inmenso Estudio 1 de *Abbey Road*, ya que el Estudio 2 que usaban casi siempre estaba ocupado—, la banda se situó en un semicírculo, viéndose las caras. Por primera vez en bastante tiempo, volvieron a tocar los cuatro juntos como una banda de rock. La energía de la sesión se percibe en la grabación.[236]

Pet Sounds de los Beach Boys también "recicla" una estructura musical similar en dos canciones: HANG ON TO YOUR EGO y I KNOW THERE'S AN ANSWER. El REPRISE de *Sgt. Pepper* es la primera vez en la discografía de los Beatles que una canción vuelve a aparecer con variaciones, aunque no sería la última. En el *White Album* están los ejemplos de HONEY PIE y WILD HONEY PIE, además de las tres versiones de REVOLUTION, REVOLUTION 1 y REVOLUTION 9. Además, el Medley de *Abbey Road* vuelve en tres ocasiones sobre una misma idea musical (YOU NEVER GIVE ME YOUR MONEY, GOLDEN SLUMBERS y CARRY THAT WEIGHT).

Dada su forma de distribución y consumo, el pop y el rock han preferido tradicionalmente el formato autónomo de la canción; la noción de recuperar o repetir un motivo musical o lírico resignificándolo para dar continuidad narrativa a una obra mayor —idea que abonaría en las décadas siguientes la creación de discos conceptuales, en especial de rock progresivo— pertenece más bien a la opereta, la ópera y la música clásica.

El REPRISE no termina, sino que se funde a través de los ruidos de la audiencia con la última canción del álbum (y también la más importante): A DAY IN THE LIFE. Hasta este momento, no había ningún dispositivo que nos recordara explícitamente la simulación del concierto de la banda del sargento Pepper —el público estuvo en silencio desde WITH A LITTLE HELP FROM MY FRIENDS—.

Oh boy! A DAY IN THE LIFE

La joya de *Sgt. Pepper* es, sin duda, A DAY IN THE LIFE. Por muchas razones —motivos musicales, líricos, de experimentación, de sonido, por la sinergia Lennon/McCartney—, es también para muchos críticos la canción más importante del catálogo de los Beatles. Tim Riley la describió como la canción que redefine todo lo anterior[237] y John Robertson la nombró «el mayor esfuerzo de colaboración entre Lennon y McCartney»[238]. Para John Covach, es «una de las canciones individualmente más importantes en la historia del rock; con nada más que cuatro minutos y cuarenta y cinco segundos, debe ser una de las piezas épicas del rock más breves»[239].

Es difícil hacer justicia a la multitud de elementos que conviven en una canción tan llena de resonancias y sobre la que se ha escrito tanto. A DAY IN THE LIFE nos sumerge en la experiencia de *un día en la vida* poblado por noticias de una muerte trágica y unos baches en el norte de Inglaterra, por una película sobre el ejército inglés y una simpática viñeta sobre un peine, un autobús y un sueño. Las viñetas son fragmentarias, casi como una opereta, pero comparten la sensación de alienación y absurdo: el narrador mira la realidad a la distancia, como una serie de eventos inconexos en los que no puede participar del todo.

Mark Spicer dice que A Day in the Life es un típico ejemplo de *multicanción* de la dupla Lennon/McCartney,[240] al igual que We Can Work it Out, Baby You're a Rich Man o I've Got a Feeling: la fusión de dos mitades de canción, una de cada compositor, cosida en este caso por el arreglo de cuerdas de Martin. «La colaboración entre Lennon y McCartney en este tema parece tan vital y exuberante como en los días más cohesivos del dúo entre 1964 y 1965»[241].

La canción está formada por tres estrofas de John, un *intermezzo* de Paul y un puente musical compuesto por George Martin (a partir de una idea de McCartney). Es una reescritura artística de experiencias, lecturas y recuerdos, todo tamizado por una mirada surreal; en palabras de Paul: «Una mezcla un tanto poética que sonaba bien»[242].

Al igual que pasaría con la publicidad televisiva de Good Morning Good Morning tiempo después, A Day in the Life también nació del tedio de la vida suburbana de Lennon y, en este caso, de su lectura interminable del periódico: «Estaba leyendo el diario un día y vi dos historias. Una era la del heredero de Guinness que se había matado en un accidente de auto. Esa era la historia principal. Había muerto en Londres en un accidente. En la página siguiente estaba la historia de los 4000 baches en las calles de Blackburn, Lancashire. Iban a rellenarlos a todos»[243]. Estas son las historias a las que se refiere Lennon, publicadas el 17 de enero de 1967 en el periódico *Daily Mail:**

La canción comienza con un «tipo con suerte que batió un récord».

---

*.   Una historia del mismo diario, publicada cuarenta días después, el 27 de febrero de 1967, fue la que inspiró a McCartney a escribir She's Leaving Home.

**Guinness Heir, 21, Is Killed
In London Sportscar Crash**

LONDON, Dec. 18 (UPI)—
Tara Browne, 21-year-old heir
to the Guinness brewery fortune
and a leader of London's "mod"
social set, was killed early today when his sportscar smashed
into a parked truck in the South
Kensington district.

He was to have inherited al-
most $2.8-million in about four
years as his share of a trust
fund.

Mr. Browne was the son of
Lord Oranmore and Browne and
his former wife, Oonagh, niece
of the 92-year-old Earl of
Iveagh. Lord Iveagh is chair-
man of the brewery concern
that produces Guinness stout.

The accident occurred in the
early hours in the Chelsea district. A girl passenger in Mr.
Browne's car, Suki Potier, 19,
suffered severe shock.

**The holes in
our roads**

THERE are 4,000 holes in the
road in Blackburn, Lanca-
shire, or one twenty-sixth of
a hole per person, according
to a council survey.

If Blackburn is typical there are
two million holes in Britain's
roads and 300,000 in London.

Esa es la reescritura poética de Lennon de la noticia sobre Tara Browne, bisnieto de Edward Cecil Guinness —jefe ejecutivo de la cerveza Guinness— y heredero de un millón de libras de la fortuna Guinness. Iba a heredar ese dinero al llegar a sus 25 años, pero murió a los 21 en un accidente automovilístico.

El 18 de diciembre de 1966, Browne cruzó en rojo un semáforo de South Kensington con su Lotus Elan y se mató al chocar contra una minivan estacionada. En la poesía de Lennon, esto se convirtió en: «Se explotó la mente en un auto; ni se dio cuenta del cambio del semáforo». Se desconoce si Browne estaba bajo el efecto de las drogas en el momento de su muerte. McCartney apuntó que, aunque Lennon tomó la idea de base de un periódico, decidieron poetizarla: «La modificamos un poco; "se explotó la mente" sonaba más teatral. [...] Malcom Muggeridge dijo que toda historia es una mentira porque cada hecho, cuando es contado, se distorsiona»[244].

Tara Brown era hijo de Lord y Lady Oranmore y Browne. Aunque no era de la Cámara de los Lores, Tara era millonario y pertenecía a la joven aristocracia inglesa. Amaba mezclarse con las estrellas del pop, era un promotor de la contracultura londinense y formaba parte del grupo de amigos cercano a los Beatles. Esto aparece en la canción en la línea: «Una multitud se detuvo a mirar; habían visto su cara en algún lado, pero nadie estaba seguro de si era de la Cámara de los Lores».

La segunda estrofa menciona una película sobre una victoria militar del ejército inglés. Es una referencia a la participación de Lennon, a finales de 1966, en el film *How I Won the War*, de Richard Lester —también director de *A Hard Day's Night* y *Help!*—. La cinta era una parodia de las películas de guerra, particularmente las de la Segunda Guerra Mundial. El narrador dice que no deja de mirar la película, aunque mucha gente (la que estaba en el cine con él), corre la vista; la explicación que da a esto es que él «ya había leído el libro». *How I Won the War* fue, de hecho, la adaptación cinematográfica del libro homónimo, escrito por Patrick Ryan y publicado en 1963.

La tercera estrofa poetiza la noticia de los baches. El diario señalaba que, según una investigación realizada por el Concejo de la ciudad de Blackburn, había una vigésima sexta parte de bache por cada residente. En la reescritura de la canción se lee: «Aunque los baches eran bastante pequeños, tuvieron que contarlos a todos. Ahora ya saben cuántos hacen falta para llenar el Albert Hall». El Royal Albert Hall es uno de los teatros más importantes de Inglaterra, ubicado en South Kensington (la misma zona donde sucedió el accidente de Tara Browne).

Lennon presentó con orgullo las tres estrofas iniciales de A Day in the Life y pidió que su voz fuera tratada con eco de cinta porque quería «sonar como Elvis Presley en Heartbreak Hotel»[245]. Sin embargo, la canción aún estaba incompleta. McCartney propuso entonces un fragmento inacabado de su autoría, de estilo vodevil, con una temática que volvía a poner en primer plano la nostalgia de la infancia y adolescencia en Liverpool —tema disparador de

Strawberry Fields Forever, Penny Lane y, en cierto sentido, de todo este período—: «Me desperté, salí de la cama, me pasé el peine por la cabeza, bajé la escalera y me tomé un té. Cuando levanté la vista ya era tarde. Agarré el abrigo y el sombrero, llegué al autobús en cuestión de segundos, subí la escalera y me fumé un cigarro».

Todo el mundo estaba ansioso por grabar la nueva canción; obviando When I'm Sixty-Four (que se grabó entre Strawberry Fields Forever y Penny Lane), era la primera que efectivamente entraría en *Sgt. Pepper*. Como las dos mitades eran tan diferentes entre sí, grabaron por separado las pistas básicas y dejaron 24 compases de separación sin saber muy bien cómo unirlas. Dos semanas más tarde, acordaron llenar esos compases con un crescendo orquestal aleatorio. Era un «orgasmo sonoro»[246], en palabras de George Martin, un arreglo que iba «de la nada a algo absolutamente como el fin del mundo»[247], en palabras de Lennon.

El crescendo orquestal ponía los experimentos de la música concreta y la vanguardia de los años cincuenta en el centro de la música pop. Aunque el compositor del puente fue George Martin, la idea fue de McCartney, que en ese tiempo estaba fascinado con la obra de compositores *avant-garde* como Karlheinz Stockhausen, Cornelius Cardew, Luciano Berio y John Cage.

Cardew fundó en 1966 la banda de free jazz AMM. En sus conciertos solía incorporar los sonidos de emisiones de radio escaneadas aleatoriamente por el dial. En 1967, AMM estrenó *Treatise*: una partitura gráfica indeterminada en la que los músicos podían interpretar sus partes subjetivamente. La influencia de AMM sobre McCartney se puede ver en el crescendo orquestal aleatorio de A Day in the Life, en una pista inédita hasta hoy (Carnival of Light) y en las interferencias radiales que aparecen hacia el final de I Am the Walrus.[248]

La cuestión psicodélica aparece en la canción con dos juegos de palabras. Según McCartney, la frase «he blew his mind out in a car» era «puramente una referencia a las drogas, no tenía nada que ver con un accidente de auto»[249]. Por otra parte, la frase «I'd love to turn you on», repetida al final de la segunda y la tercera estrofa, tiene connotaciones tanto sexuales como relacionadas con las drogas. Nuevamente Paul apunta: «Era el tiempo de Tim Leary y su "Turn on, Tune in, Drop out". Cuando escribimos "I'd love to turn you on", John y yo nos miramos con complicidad: "Esto va a ser una canción sobre las drogas, te das cuenta, ¿no?"»[250].

El memorable cierre de la canción es un final ambiguo a un disco paradójico. El acorde final, un MI mayor tocado al unísono en cuatro pianos y un armonio, se extiende durante poco más de cuarenta segundos mientras se va extinguiendo. No obstante, tras unos segundos, hay un ultrasonido; McCartney dijo al respecto: «Tenemos que poner un poco de lo que escuchan solamente los perros. ¿Por qué hacer un disco sólo para humanos?»[251].

Finalmente, aparece un bucle o *loop* de sonidos indescifrables que se repite continuamente mientras se extingue. Según Geoff Emerick, el ingeniero de Abbey Road, para grabar ese bucle los Beatles «hicieron ruidos graciosos y dijeron cosas al azar; solo tonterías. Cortamos la cinta, la volvimos a juntar, la reprodujimos al revés y la introdujimos»[252]. Querían quitarle un poco de solemnidad al final desolador del último acorde.

Cuando se escucha esta sección en los dispositivos electrónicos actuales, se pierde un aspecto clave de la idea que los Beatles tenían con el bucle. A lo largo del disco habían eliminado las pausas entre las canciones; por eso les parecía que cerrar *Sgt. Pepper* con el silencio tras el acorde final era un despropósito. Aunque en su época había tocadiscos automáticos que levantaban la aguja al final del vinilo, había muchas personas que tenían tocadiscos manuales (que al finalizar la reproducción seguían repitiendo los últimos segundos). Los Beatles calcularon el tiempo que tardaba la aguja en hacer toda la vuelta por el vinilo y crearon un loop de esa duración. «Los compradores del álbum de vinilo que no tenían un retorno automático en su tocadiscos dirían "¿Qué demonios es eso?", y encontrarían el curioso ruido que continúa *ad infinitum* en el surco de salida concéntrico»[253]. Lo escucharían indefinidamente hasta el cansancio; recién cuando ellos mismos levantaran la aguja del tocadiscos, "el concierto" terminaría.

La canción que cierra *Sgt. Pepper* parece separada del disco. Es casi como un *bonus track*. «Su ubicación luego de la conclusión de la narrativa del concierto implica que la canción existe fuera de la parodia»[254]. Esta distinción refuerza la importancia artística de A DAY IN THE LIFE: una canción dentro de una canción como conclusión de un álbum que es un show dentro de un show.

La ilusión del concierto se termina después del REPRISE: la banda se despide, se baja el telón y se cae la máscara. Lo que sucede a continuación no está dentro del contrato de la ficción, es otra cosa; ya no es el show de la banda del club de los corazones solitarios del sargento Pepper. Por primera vez en todo el disco, estamos escuchando a los Beatles.

A menudo se interpreta A DAY IN THE LIFE como un sueño de Lennon después del final del concierto; el crescendo de la orquesta representaría el proceso de despertarse y el puente de McCartney simbolizaría finalmente la vigilia. Las frases con las que Paul empieza y termina su *intermezzo* («me levanté» y «caí en un sueño») parecen reforzar esta lectura.

Ian MacDonald sugiere que el mensaje de la canción «es que la vida es un sueño y nosotros, como soñadores, tenemos el poder de hacerla hermosa. Desde esta perspectiva, los dos glissando orquestales pueden ser vistos como un símbolo simultáneo del momento de despertar del sueño y de un ascenso espiritual de la fragmentación a la totalidad»[255]. Michael Hannan plantea una conclusión similar: que la canción, más que un sueño, es una pesadilla.[256] De cualquier manera, el concepto es el mismo: A DAY IN THE LIFE representaría un momento onírico, fuera de la realidad.

Pero dada la estructura del disco y el concepto unificador (el show dentro del show), creo que se puede ensayar otra hipótesis. *Sgt. Pepper* se sustenta en un dispositivo de ficción que retrata un mundo místico y psicodélico, donde la cotidianidad e incluso la banalidad de la vida se revisten de un halo de magia. En la película *Yellow Submarine*, se nombra a este mundo como *Pepperland*. En ese universo de ficción habitan el sargento Pepper y su banda, Billy Shears y sus amigos, Lucy en el cielo con diamantes, la chica que escapó de su casa, los artistas del circo de Mr. Kite, la policía de tránsito Rita y muchos personajes más.

Pepperland es la encarnación del optimismo de McCartney (que, no por nada, es el maestro de ceremonias del primer número del show). Es, además, la quintaesencia del idealismo del verano del amor de 1967. Aunque la oscuridad (casi siempre asociada con las intervenciones de Lennon) se cuela por momentos en ese dispositivo de ficción, el optimismo psicodélico prevalece. La violencia, el cinismo, el enojo, la soledad y las limitaciones externas son eventualmente derrotados por el espíritu diáfano del sargento Pepper y su banda.

Sin embargo, al final del REPRISE se desarma la ficción. Y es precisamente John quien toma la batuta de la banda cuando la magia y las ensoñaciones de Paul desaparecen. En otras palabras: no solo estamos escuchando por primera vez en todo *Sgt. Pepper* a los Beatles (y no a la máscara de la banda ficticia), sino que finalmente estamos fuera de Pepperland, de vuelta en la "vida real".

La esperanza del verano del amor ha dejado paso a los presagios fatalistas de 1968.

Toda la miseria acumulada bajo la alfombra a lo largo del concierto del sargento Pepper emerge en A Day in the Life. La crónica de la realidad que pinta Lennon es cruda: tristeza, soledad, muerte, absurdo, cinismo, miedo. Y así como la oscuridad se colaba por momentos en la ficción utópica de McCartney, en esta "vuelta a la realidad" de Lennon también se cuela el optimismo de Paul (que representa la magia que aglutina toda la ficción del sargento Pepper y su banda).

Magical Mystery Tour

Los Beatles grabaron el REPRISE, la última canción de *Sgt. Pepper's Lonely Hearts Club Band*, el 1 de abril de 1967; el disco vería la luz a fines de mayo y sería aclamado por el público y la crítica desde el momento de su publicación como un clásico absoluto de la era del rock.

El 25 de abril de ese mismo año, sólo cuatro días después de dar los últimos retoques a la mezcla de *Sgt. Pepper*, Paul convocó a John, George y Ringo de nuevo a Abbey Road para comenzar un nuevo proyecto. Se llamaría *Magical Mystery Tour*.

Los Beatles estaban agotados después del esfuerzo de meses en el estudio. Lo más prudente (y lo que les había funcionado en *Sgt. Pepper*) hubiera sido tomarse unos meses de descanso antes de empezar algo nuevo, pero la ansiedad de McCartney por mantener a la banda unida y enfocada era evidente; «sabía que la fuerza psicológica que los mantenía cerca pronto se disiparía sin algún nuevo enfoque creativo»[257]. Su decisión de comenzar inmediatamente un nuevo proyecto (apoyada por Brian Epstein) sería un factor que tensaría notablemente las relaciones entre los cuatro Beatles.

Magical Mystery Tour se convirtió en el proyecto sucesor de *Sgt. Pepper*. El objetivo principal no era un disco en sí, sino una película, la tercera en la filmografía de la banda. La cinta fue estrenada en la televisión británica el 26 de diciembre de 1967. La BBC compró los derechos de exhibición por una suma de dinero ridícula (9000 libras esterlinas); la emitió en blanco y negro, a pesar de que los efectos especiales habían sido diseñados específicamente para ser proyectados a color.

La película duraba 55 minutos y no tenía una trama muy clara. «No teníamos todavía un guion, pero teníamos a alguien dando vueltas por los baños de Gran Bretaña y copiando las escrituras de las paredes»[258], dijo Lennon. Seis nuevas canciones de los Beatles funcionan como actos especiales y banda sonora para el film: MAGICAL MYSTERY TOUR, THE FOOL ON THE HILL, FLYING, I AM THE WALRUS, BLUE JAY WAY y YOUR MOTHER SHOULD KNOW. En el contexto del film, las escenas en las que aparecen estas canciones suelen explicar o definir parte de su sentido.

La cinta fue universalmente destrozada por los críticos y el público de su tiempo, y se convirtió en el primer gran fracaso de la banda. El *Daily Express* la calificó como «una basura descarada»[259]. Sin embargo, las canciones que sirvieron como parte de la banda sonora tuvieron gran aceptación; en Estados Unidos, el disco ocupó el primer lugar en ventas por ocho semanas, y en 1969 fue nominado como álbum del año en los Grammy (premio que *Sgt. Pepper* había ganado el año anterior).

El disco que acompañó el lanzamiento del film tiene una historia de ediciones compleja. Era común sacar versiones diferentes de los discos de los Beatles según las características de cada mercado; de hecho, *Sgt. Pepper* fue su primer álbum en ser publicado íntegramente en ambos lados del Atlántico. Las canciones de la película se publicaron en Inglaterra el 8 de diciembre de 1967 como un EP, una versión intermedia entre un single y un álbum, que era un formato exitoso en Gran Bretaña. Pero en Estados Unidos ese formato no tenía el mismo éxito, así que se eligió una estrategia diferente. A las seis canciones originales del EP inglés, se sumaron otras cinco que habían sido lanzadas como singles a lo largo de 1967; las once canciones se editaron como un álbum el 27 de noviembre de 1967. Esta decisión fue rechazada por la banda en un primer momento, pero fue ganando aceptación con el paso del tiempo. En 1987, cuando las discográficas Apple y EMI unificaron la discografía de los Beatles a nivel mundial para la salida del catálogo completo en CD, la versión norteamericana de once canciones se convirtió en la edición estándar de *Magical Mystery Tour*.

Luego de la favorable acogida del arte de *Sgt. Pepper*, los Beatles redoblaron la apuesta al incluir en *Magical Mystery Tour* un folleto de 24 páginas a todo color que contenía imágenes de la película, la letra de algunas canciones (las que se utilizaron en el film) y un *storyboard* caricaturizado que muestra los momentos más notables de la trama. Al inicio del folleto se encuentra una ambigua introducción que también funciona como puerta de entrada a la película:

> LEJOS EN EL CIELO, más allá de las nubes, viven 4 o 5 magos. Al lanzar HECHIZOS MARAVILLOSOS, convierten el viaje en autobús más ordinario en un VIAJE MÁGICO Y MISTERIOSO. Si te dejas llevar, los magos te guiarán a lugares maravillosos.
>
> Quizás HAS estado en un VIAJE MÁGICO Y MISTERIOSO sin siquiera darte cuenta.
>
> ¿Estás listo para partir?
>
> ¡ESPLÉNDIDO! La historia comienza en la página 7... u 8...

Satisfaction guaranteed: contexto y concepto del disco y la película

Los *Mystery tour* eran una costumbre de la clase trabajadora británica derivada de los *charabanc*, unas excursiones usuales en Inglaterra a principios del siglo XX. Eran viajes en autobús sin un rumbo fijo; sólo el conductor conocía el destino.

La idea de *Magical Mystery Tour* se le ocurrió a Paul a principios de abril de 1967. Las circunstancias, motivos y trasfondo en que surgió este proyecto fueron prácticamente idénticas, punto por punto, a las que acompañaron el nacimiento del concepto de *Sgt. Pepper* (otro motivo para considerar ambos discos como parte de una misma temporada artística).

Dos días después de grabar el REPRISE, Paul se fue de viaje por Estados Unidos, acompañando de gira teatral a su novia, la actriz Jane Asher. McCartney, que era un fanático del cine y amaba hacer películas caseras, llevó a Estados Unidos su cámara Super 8. Durante el recorrido, se acordó de los *Mystery tour* que había hecho en su infancia, y quedó impactado (una vez más, como ya había pasado en *Pepper*) por un grupo de hippies. El novelista norteamericano Ken Kessey y algunos seguidores estaban embarcados en un viaje por el país, al que llamaban *The Freewheeling Adventures of Ken Kesey's Merry Pranksters*. El autobús, lleno de *freaks* de la contracultura, era conducido por Neal Cassady, quien sirvió como modelo para el personaje de Dean Moriarty en *On The Road* de Jack Kerouac. «Pintaron un autobús con colores psicodélicos y partieron hacia un viaje transcontinental por los Estados Unidos; repartían LSD mientras viajaban y filmaban cada encuentro interesante en el camino con la intención de hacer una película, llamada *The Merry Pranksters Search for a Cool Place*»[260].

Para *Sgt. Pepper* había combinado una influencia norteamericana de moda —los nombres largos de las bandas psicodélicas de la Costa Oeste— con una cuestión tradicional inglesa —las orquestas de viento de la época eduardiana—. Para *Magical Mystery Tour* se le ocurrió, una vez más, mezclar algo actual y psicodélico de Estados Unidos —los Merry Pranksters de Ken Kesey— con una referencia retro típicamente británica —los *Mystery tour* que había frecuentado en su infancia—.

El 10 de abril, antes de volver a Londres, Paul visitó a Brian Wilson de los Beach Boys en su estudio. *Pet Sounds* había sido la respuesta de Wilson a *Rubber Soul* de los Beatles, y *Sgt. Pepper* (que aún no se había lanzado) era la respuesta de McCartney a *Pet Sounds*. Confiado en el disco que estaban a punto de publicar, Paul le dijo a Brian que se apurara. Al día siguiente, y exactamente como había sucedido en *Sgt. Pepper*, diagramó el concepto del nuevo proyecto de la banda en una hoja de papel mientras regresaba en avión a Inglaterra: una *road movie* psicodélica en la que los Beatles, junto a un grupo de actores y amigos, compartirían un viaje mágico y misterioso en autobús sin destino cierto. Este fue el boceto que dibujó:

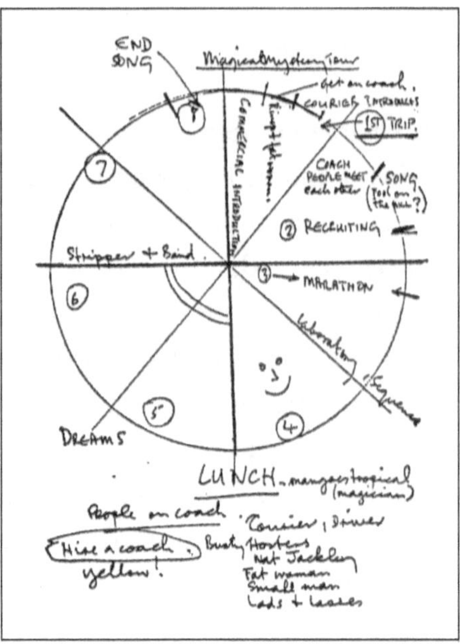

Por todas estas similitudes, por ser otro concepto de McCartney y por formar parte del mismo período creativo, la propuesta de *Magical Mystery Tour* funciona como una profundización de las intuiciones estéticas de *Sgt. Pepper*. Ambos proyectos ensayan soluciones a la realidad de los Beatles tras dejar de hacer conciertos. Si en *Pepper* la idea fue "mandar el disco de gira", en *Magical Mystery Tour* la idea es similar, pero con una película. Como dijo Lennon: «A principios de 1967 nos dimos cuenta de que no íbamos a hacer más giras porque no era posible reproducir en el escenario el tipo de música que habíamos empezado a grabar. Así, si no íbamos a hacer más espectáculos en el escenario, queríamos algo para sustituirlos. La televisión fue la respuesta obvia»[261].

Una gran diferencia entre ambos proyectos es que *Magical Mystery Tour* no fue pensado como un álbum completo; por este motivo, la impronta conceptual que tenía *Sgt. Pepper* (con todas las salvedades del asunto), no se encuentra aquí presente. La película propone una clave narrativa que no es tan productiva ni está tan desarrollada como en el proyecto anterior, pero que hasta cierto punto funciona: la metáfora del viaje. Por su misma impredecibilidad, esta idea —repetida en algunas de las obras más importantes de la literatura universal, desde *La Odisea* a *La Divina Comedia* y el *Quijote*— abre las puertas de la narración a todo tipo de elementos dispares, algo muy en línea con la fascinación por la aleatoriedad que los Beatles tenían en este período. «Nadie sabía qué iba a pasar, y eso era lo que emocionaba a los Beatles»[262]. Como metáfora unificadora, el viaje mágico y misterioso les permitió incluir canciones sin un hilo conceptual muy claro.

El proyecto de *Magical Mystery Tour* comenzó oficialmente a fines de abril de 1967, cinco semanas antes de que *Sgt. Pepper* saliera al mercado y de que los Beatles fundaran su primera compañía, Apple Music Ltd. Las presiones económicas y organizativas derivadas de la nueva empresa y el cansancio general hicieron mella en el ambiente que rodeaba a la banda. El abrupto despertar religioso de Harrison, la profunda crisis matrimonial y depresión de Lennon, y la creciente incomodidad de John, George y Ringo frente a las ansiedades de Paul complicaban aún más la ecuación.

Sumado a todo esto, el agotamiento de la banda tras finalizar el disco más exigente de su carrera y, en particular, el hartazgo ante la excesiva producción de las canciones en el estudio de grabación —motorizada mayormente por McCartney—, minaron la actitud hacia el nuevo proyecto. Según el ingeniero de grabación de los Beatles, Geoff Emerick, «a esta altura, los cuatro Beatles estaban empezando a hartarse de estar en el estudio. Después de todo, ya habían pasado ahí casi cinco meses y ya no era pleno invierno; el clima estaba empezando a limpiarse y creo que ellos se estaban poniendo inquietos»[263].

En una conversación grabada entre Lennon y McCartney en 1969, poco antes de que el grupo se separara, se puede escuchar cómo John concede con amargura la "victoria" artística a quien había sido su colaborador por tantos años. Hablando precisamente del período que aquí estamos reconstruyendo, Lennon dijo:

> Vos venías con tu MAGICAL MYSTERY TOUR. Yo no escribí nada de eso, excepto [I AM THE] WALRUS. Yo aceptaba [la nueva dinámica] y entonces teníamos cinco o seis canciones. Pero, pensaba: "¡Joder, no puedo seguir ese ritmo!". Así que dejó de interesarme. Empecé a pensar que no importaba si yo estaba o no estaba, y me convencí de que daba lo mismo. Por un período, si no me invitabas personalmente a estar en un álbum, o si ustedes tres no me decían "escribí algo más porque nos gusta tu trabajo", ¡ni siquiera iba a luchar![264]

Todas estas tensiones hicieron que el proyecto de *Magical Mystery Tour* comenzara con el pie izquierdo. Además, la excesiva autoconfianza que tenían en este tiempo los Beatles —reforzada por el éxito abrumador de *Sgt. Pepper*— y el uso intensivo de drogas —sobre todo Lennon— empezaron a bajar sus estándares autocríticos de composición y producción. «Estos efectos se confabularon con la actitud ambivalente de los Beatles hacia su propio talento para inducir una negligencia poco característica en su trabajo»[265]. Por estos motivos, las canciones que grabaron inmediatamente después de terminar *Sgt. Pepper* —MAGICAL MYSTERY TOUR, BABY YOU'RE A RICH MAN, ALL TOGETHER NOW, YOU KNOW MY NAME e IT'S ALL TOO MUCH— son chatas y poco creativas, casi un descarte.

Los Beatles fueron invitados a representar a Gran Bretaña en la primera transmisión de televisión vía satélite. El entusiasmo por volver a tocar en vivo después de tantos meses, y de hacerlo en un evento de semejante envergadura, inspiró a Lennon a escribir ALL YOU NEED IS LOVE. El 25 de junio de 1967, en plena efervescencia de *Sgt. Pepper* (que se había publicado un mes antes), la transmisión satelital de *Our World* fue vista por 400 millones de personas en 26 países. ALL YOU NEED IS LOVE, la quintaesencia del verano del amor que *Sgt. Pepper* había anunciado, se convirtió de inmediato en número 1 en diferentes partes del mundo.

Después de la transmisión satelital, los Beatles finalmente se tomaron dos meses de vacaciones. Era su primer tiempo sustancial de descanso desde el comienzo de las sesiones de *Sgt. Pepper* siete meses antes, cuando empezaron a trabajar en STRAWBERRY FIELDS FOREVER. Durante el mes de julio viajaron por Grecia con la intención de comprar una isla, cosa que finalmente no hicieron. Cuando volvieron a Inglaterra, firmaron una petición pública en *The Times* pidiendo la legalización de la marihuana y asistieron a una conferencia impartida por un gurú llamado Maharishi Mahesh Yogi, a quien siguieron luego a Gales, con la intención de tomar su curso de meditación trascendental.

Dos días después de llegar a Gales, el 27 de agosto de 1967, el histórico mánager de la banda, Brian Epstein, fue encontrado muerto en su casa. Había ingerido por accidente un cóctel fatal de alcohol y pastillas para dormir. El hecho desató el caos en el funcionamiento de la banda y una serie de desencuentros interpersonales. Fue el comienzo del final de los Beatles.

Cuando dejaron de hacer giras en agosto de 1966, Brian Epstein perdió el eje y la brújula que había ordenado sus últimos años de vida. «Sintiéndose superfluo para su nueva etapa en el estudio, cayó en un ciclo de atracones y depresión, volviéndose rápidamente adicto a los medicamentos recetados, con los que mantenía una apariencia de normalidad»[266].

Con la muerte de Epstein, los Beatles quedaron, en cierta medida, huérfanos. Ya no contaban con la figura paternal que les había ordenado sus ritmos, ciclos, proyectos, dinero y compromisos; si hasta entonces sólo se habían preocupado por las canciones, de pronto se toparon con la presión de tener que organizar un producto millonario y de alcance global.

El 1 de septiembre se reunieron en casa de Paul para decidir su futuro. Acordaron seguir con el proyecto de *Magical Mystery Tour* y volvieron al estudio para finalizar las canciones. McCartney, que ya venía siendo el director artístico y musical de la banda, terminó absorbiendo también buena parte de las cargas organizativas y logísticas de los Beatles; la canción CARRY THAT WEIGHT de *Abbey Road* se refiere precisamente al agotamiento físico y psicológico que le significó cargar ese peso por tanto tiempo. Hablando en retrospectiva en enero de 1969, en una de las sesiones de *Get Back/Let It Be*, McCartney apunta:

> Hemos estado muy mal desde que murió el señor Epstein, y por eso ya estamos hartos del grupo. Nos falta disciplina. Nunca hemos tenido disciplina. Teníamos una ligera disciplina simbólica. El señor Epstein decía "Pónganse los trajes", y nosotros lo hacíamos. Siempre nos estábamos resistiendo a esa disciplina. Ahora ya no hay nadie que nos diga: "Háganlo". Antes siempre había alguien, pero papá ya no está y ahora estamos solos en el campamento.[267]

Con nuevas canciones bajo el brazo y la mente descansada después de las vacaciones, pero afectados por la muerte de Epstein y cada vez más en crisis como banda, los Beatles volvieron a Abbey Road habiendo recuperado un poco de su agudeza y creatividad.

La canción con la que volvieron al estudio, el 5 de septiembre, es una de las más importantes de su catálogo: I Am the Walrus.

> Tan intuitivos como eran Lennon y McCartney, su impulso creativo siempre había estado gobernado por la practicidad y el trabajo duro. (Cuando preparaban un nuevo álbum, revisaban escrupulosamente su trabajo anterior para ver hasta dónde habían llegado y cómo se comparaba con el de sus competidores). Aunque este sentido de perspectiva nunca volvió completamente después de *Sgt. Pepper*, ya se había reafirmado lo suficiente [...] como para ver que necesitaban levantar el nivel si es que querían superar la laxitud de sus recientes esfuerzos.[268]

Si en *Sgt. Pepper* los Beatles convirtieron el cansancio de las giras en una fuerza creativa para trabajar en el estudio de grabación, la película y el disco *Magical Mystery Tour* dejan entrever no solo los conflictos interpersonales del período, sino también el tedio que conllevaba la constante apertura de horizontes a nivel compositivo. La sensación general era que no había nuevas metas por alcanzar ni un rumbo estimulante que seguir. Las presiones de McCartney por emular artificialmente ese entusiasmo serían responsables de que los Beatles siguieran juntos algunos años más y crearan obras del calibre del *White Album* y *Abbey Road*, pero también las causantes de una obra agridulce como *Let It Be* y de las amargas relaciones interpersonales de las décadas siguientes.

La sensación de hartazgo emerge en las canciones de este período de muchas maneras, pero de forma interesante para nuestro análisis en su preferencia por la parodia de géneros y formatos. Esta clave de sentido sería fundamental en el siguiente disco de la banda, el *White Album*, que convierte a la parodia en su hilo conductor y, al hacerlo, se acerca premonitoriamente a algunas características de las estéticas posmodernas (como el pastiche o el collage).

Toda la película *Magical Mystery Tour* —que fue vapuleada por la crítica por su falta de cohesión, torpeza narrativa y carencia de ideas— es en sí misma una gran parodia: hacia los viajes de misterio, hacia el mundo del espectáculo e incluso hacia la misma obra de los Beatles.

El film cita, parodia y reescribe algunas obras musicales. De la música previa de los Beatles se recuperan SHE LOVES YOU —interpretada en esta ocasión con un tono circense como música de fondo antes de la maratón, mientras niños y enanos luchan— y ALL MY LOVING —adaptada para una orquesta y utilizada como música ambiental para una escena romántica—. Se recuperan también varias canciones tradicionales británicas y norteamericanas; entre ellas: I'VE GOT A LOVELY BUNCH OF COCONUTS, una canción de Fred Heatherton de 1944.* Además, la banda Bonzo Dog Doo-Dah Band interpreta una canción de su autoría, DEATH CAB FOR CUTIE, que es una parodia de la música norteamericana: el cantante imita la entonación y el baile de Elvis Presley, se utilizan recursos propios del género *doo wop* y del subgénero conocido como *teenage tragedy*, y la letra parodia al policial negro. Dos piezas instrumentales de los Beatles, inéditas hasta el día de hoy, aparecen en la película como música incidental: JESSIE'S DREAM y THE BUS; esta última es, en realidad, un grupo de compases descartados de la versión definitiva de FLYING. En los créditos finales aparece una porción de HELLO GOODBYE, canción que había sido lanzada como sencillo en noviembre, un mes antes del estreno de

---

*. En el documental *Anthology* se muestra una toma que fue descartada en la edición final de la película; incluía la canción YOU MADE ME LOVE YOU (I DIDN'T WANT TO DO IT) de James Monaco y Joseph McCarthy.

la película, y que fue incluida como parte del álbum en la versión norteamericana de *Magical Mystery Tour*.

Tres canciones del período (una de John, una de Paul y una de George) exploran concretamente esta dimensión paródica. I Am the Walrus nació como una burla de Lennon hacia su propia escritura y los alcances de sus canciones cuando se enteró de algunos de los enrevesados análisis textuales a los que eran sometidas las canciones de la banda.

Hello Goodbye nació como un juego cuando le preguntaron a McCartney cómo componía canciones; él se sentó en el piano y pidió que le dijeran palabras sueltas, a las que respondía con su antónimo: hola/adiós, sí/no, quedate/andate. El resultado final de ese improductivo juego retórico es: «Vos decís "adiós" y yo digo "hola, hola, hola". No sé por qué vos decís "adiós" y yo digo "hola"». Irónicamente, a pesar del desprecio que el tema muestra por el formato de la canción pop, Hello Goodbye fue un éxito para los Beatles; alcanzó el número 1 en los rankings de Estados Unidos e Inglaterra.

Ya mencioné antes a Only a Northern Song, una canción de Harrison grabada, pero descartada durante las sesiones de *Sgt. Pepper*. En esta pieza es incluso más evidente el rechazo hacia las *Northern Songs* —que es tanto una referencia a las "canciones del norte" inglés (que McCartney tomó como inspiración para *Sgt. Pepper*) como al nombre de la compañía que publicaba las canciones de los Beatles (por las cuales Harrison se llevaba un porcentaje ínfimo)—. La fascinación por la cultura y la religión de la India —que hacían que George perdiera buena parte del interés en la carrera de los Beatles— y la poca recompensa económica que tendría su colaboración motivan una letra desganada y sarcástica: «En realidad, no importa si toco un acorde u otro ni las palabras que use ni la hora que sea porque es solo una *Northern Song*».

El desdén y el hartazgo de la época también se percibe en las constantes repeticiones de muchas letras del período, sobre todo por parte de McCartney. Más allá de algunas frases sueltas de relleno, HELLO GOODBYE no es más que la repetición de una única frase: «You say goodbye and I say hello. Hello, hello. I don't know why you say goodbye, I say hello». Lo mismo pasa con YOUR MOTHER SHOULD KNOW, que repite durante toda la canción, casi únicamente: «… a song that was a hit before your mother was born though she was born a long, long time ago. Your mother should know, your mother should know». El estribillo «Roll up, roll up for the Mystery Tour» se repite doce veces en la canción que da título al disco; fuera de eso, la letra no dice mucho más. Y BLUE JAY WAY de Harrison repite catorce veces (con mínimas variaciones) «Please, don't be long».

Magical Mystery Tour renueva la apuesta de *Sgt. Pepper* en cuanto a la mezcla de géneros. En el disco escuchamos influencias del pop, el rock and roll, el romanticismo temprano, la música india, el music hall, la música clásica y la psicodélica, etc. Una vez más, como en *Sgt. Pepper*, es evidente la tendencia a la novelización; los personajes que pueblan las canciones de *Magical Mystery Tour* son numerosos y heterogéneos:

- los que organizan el viaje y los que participan en MAGICAL MYSTERY TOUR;
- el idiota de la montaña y los que lo juzgan en THE FOOL ON THE HILL;
- el hombre varado en el camino y los amigos que no llegan en BLUE JAY WAY;
- el *nosotros* que canta la canción que era un éxito antes de que tu madre naciera en YOUR MOTHER SHOULD KNOW;

- el hombre huevo, los hombres huevo, la morsa, los policías, las autoridades literarias, el bufón y el pingüino de primaria en I Am The Walrus;
- el *yo* y el *tú* involucrados en el improductivo diálogo de Hello Goodbye y en la confesión honesta de Strawberry Fields Forever;
- los habitantes de la calle Penny (el barbero, los transeúntes, el banquero, los niños, el bombero y la enfermera) en Penny Lane;
- el *yo* en su diálogo bastante monológico con un *chico bien* en Baby You're a Rich Man y en una instancia didáctica en All You Need Is Love.

La atmósfera circense y de feria recorre buena parte de *Magical Mystery Tour*. Esto motiva lo que Ian Marshall denomina *carnavalización*: una celebración de la abundancia, las travesuras, la indeterminación y la indulgencia (que, en casos extremos, puede llegar a la insolencia, la anarquía, el puro azar y la locura).[269] La canción que da título al disco e introduce toda la experiencia comienza, de hecho, con un anuncio similar al de los antiguos pregoneros de las ferias, y en la película misma abundan personajes característicos de los *freakshows* o espectáculo de rarezas.

El uso de máscaras, típico del contexto de carnaval, habilita la posibilidad de desafiar los límites sociales y de la propia individualidad. Si ya el concepto de *Sgt. Pepper* había funcionado como una máscara creativa (la posibilidad de ser otra cosa y no estar obligados a ser Beatles), la tapa de *Magical Mystery Tour* confirma la búsqueda: todos aparecen disfrazados como si fueran animales psicodélicos (Lennon es una morsa; McCartney, un hipopótamo; Harrison, un conejo; y Starr, una gallina).

La introducción del folleto que acompaña al arte del disco —una paráfrasis de una escena de la película— agrega otra máscara a la ecuación (al presentar a los Beatles como magos que viven en el cielo) y también otra capa de indeterminación (porque dice que son «4 o 5 magos» y que «la historia comienza en la página 7… u 8…»). La película *Yellow Submarine* comienza con una indeterminación similar: «Había una vez, o quizás dos, un paraíso sobrenatural llamado Pepperland. Se encontraba, o se encuentra, a 80 mil leguas bajo el mar. No estoy muy seguro».

I Am The Walrus representa el punto más alto de la carnavalización de *Magical Mystery Tour* por su uso de la parodia y el sinsentido, por su ambiente de celebración y desafío de la autoridad, y por su plena adopción de la máscara como estrategia poética (Lennon se "viste" de morsa, de hombre-huevo y de *joker*). La frase con la que empieza la canción sintetiza el espíritu del carnaval: «Yo soy él, así como vos sos él, así como vos sos yo, y todos estamos juntos».

A *mystery trip:* Magical Mystery Tour

La canción que abre el disco, de la misma forma que sucedía en *Sgt. Pepper*, sienta las bases narrativas para el resto de la experiencia. La letra es sencilla y repetitiva: hay un pregonero, uno de los personajes habituales de las ferias y circos, que invita a que todo el mundo participe del viaje; utiliza varias expresiones asociadas con invitaciones y promesas: «Te estamos invitando», «reservá tu lugar», «satisfacción garantizada», etc. La que más usa es «roll up», que tiene tanto el significado de *alistarse* como el de *enrollar*. «"Roll up" era una referencia al pregonero, pero también a enrollar un porro. Siempre metíamos esas cositas que sabíamos que nuestros amigos captarían; referencias veladas a las drogas y los viajes.

"El viaje mágico y misterioso" es un tipo de droga; y la frase "se muere de ganas de llevarte" es una referencia al Libro Tibetano de los Muertos»[270], dijo Paul.

Para recrear la atmósfera del viaje, se agregaron a la canción sonidos ambientales de los archivos de EMI en Abbey Road (*Volume 36: Traffic Noise Stereo*). En el mismo sentido, la película muestra un autobús, a Ringo mientras compra los boletos para el viaje, etc. Hacia el final del film, la canción aparece por segunda vez, lo que ofrece un cierre de la narrativa (un recurso que ya habían utilizado en el REPRISE de *Sgt. Pepper*).

Según el biógrafo oficial de la banda, Hunter Davies, mientras grababan la canción McCartney repetía "flash, flash" «para dar a entender que iba a ser como un comercial»[271].

The man of a thousand voices: THE FOOL ON THE HILL

McCartney recupera en THE FOOL ON THE HILL el tópico de la soledad, el aislamiento y la alienación que ya había explorado en canciones como ELEANOR RIGBY y SHE'S LEAVING HOME. El tema está novelizado en la pequeña historia de "un tonto que vive en una montaña". Aunque tiene una visión más profunda de la realidad que aquellos que lo rodean —ya que comprende los tiempos y el ciclo de la vida («ve la puesta del sol y mira cómo gira el mundo»)—, sufre el desprecio y la crítica de sus semejantes.

«La canción era sobre un *idiot savant*, una persona que todos consideran un tonto, pero que en realidad es un visionario incomprendido. Paul estaba pensando en gurús como el Maharishi Mahesh Yogi»[272]. También tenía en mente «El Loco del Tarot, un símbolo paradójico (numerado 0 o 22), que representa "la ignorancia redentora"»[273]. El personaje de McCartney —al que la película retrata como si fuera el loco de la montaña— puede ser comparado con uno de Lennon, el hombre de ninguna parte (Nowhere Man) de *Rubber Soul*.

Musicalmente, la canción despliega una interesante mezcla de géneros al reelaborar patrones melódicos y armónicos del romanticismo temprano; por ejemplo, el cambio de tonalidad: RE mayor en la estrofa, RE menor en el estribillo. Este cliché estilístico del romanticismo ya había sido utilizado por los Beatles en canciones como Things We Said Today y I'll Be Back, ambas de *A Hard Day's Night*.

La, la, la, la, la: Flying

Esta es una de las pocas canciones instrumentales del catálogo de los Beatles y también una de las pocas de la discografía oficial de los Beatles acreditadas a Ringo (en este caso, junto a John, Paul y George); las otras son What Goes On de *Rubber Soul* (junto a Lennon y McCartney), Don't Pass Me By del *White Album*, Octopus's Garden de *Abbey Road* y Maggie Mae (tradicional; arreglo de Lennon, McCartney, Harrison y Starr) y Dig It (crédito compartido entre los cuatro) de *Let It Be*.

Se trata de la obra menos autónoma del disco, ya que fue compuesta específicamente para llenar un lugar en la estructura de la película. La canción es un típico blues de 12 compases, una progresión de acordes y un molde genérico cliché en la tradición del blues; en 1965 los Beatles habían grabado 12-Bar Original, otro instrumental que utiliza la misma progresión.

En la película la canción acompaña las imágenes de un vuelo aéreo por Islandia. Eran tomas descartadas de la película de 1964 *Dr. Strangelove or: How I Learned to Stop Worrying and Love the Bomb*, de Stanley Kubrick. Se utilizaron filtros de colores para convertir las tomas en un viaje psicodélico (aunque, cuando fue proyectada por primera vez, la BBC las transmitió en blanco y negro). Las imágenes y la canción se utilizan en la película como transición para pasar a la realidad paralela del mundo de los magos.

My friends have lost their way: Blue Jay Way

Al igual que en *Sgt. Pepper*, George contribuye con una sola canción a *Magical Mystery Tour*. Blue Jay Way es el relato de una experiencia real de Harrison: está esperando confundido en medio de la niebla de Los Ángeles y sus amigos no llegan porque se perdieron en el camino. La frase que se repite una y otra vez es un pedido angustiante: que no se demoren, porque si la espera se prolonga demasiado podría quedarse dormido.

Al igual que en Within You Withou You, Harrison pone en funcionamiento un interesante mecanismo de mezcla de géneros entre la música de Oriente y la de Occidente. Aunque aquí la instrumentación es claramente occidental (batería, bajo, órgano, pandereta y violonchelo), la estructura de la canción proviene de la música del sur de la India; el modo melódico que usa se llama *raga ranjani*. Otro elemento propio de la música oriental es el uso del acorde pedal, sin modulación armónica, a lo largo de la canción; sobre esa armonía uniforme —que los Beatles ya habían utilizado en canciones como Within You Without You y Tomorrow Never Knows— se construye la melodía.

Dentro de la película, las imágenes de Blue Jay Way se proyectan en un no-lugar: una sala de cine irreal en el interior de una carpa pequeña. Harrison toca un órgano dibujado en la tierra mientras se suceden una serie de imágenes inconexas: unos niños, los Beatles que tocan un violonchelo de juguete y juegan al fútbol, etc. Se utilizan varios filtros visuales para sugerir la niebla de Los Ángeles y la experiencia psicodélica. Al final, la carpa es atropellada por el autobús y queda en evidencia que en realidad allí no había nada. Harrison ya había explorado ese concepto en ONLY A NORTHERN SONG —que decía «si te parece que la armonía es un poco confusa y desafinada, tenés razón; ya te dije que ahí no hay nadie»— y en WITHIN YOU WITHOUT YOU —que hablaba del *māyā*, el *muro de ilusión* que cubre la realidad—.

La canción es nostálgica y muestra la vulnerabilidad de Harrison, que «era más melancólico que sus compañeros de banda, y ocasionalmente su resentimiento por su estatus de solitario en el grupo lo hacía estallar»[274]. La frase que se repite una y otra vez, «Please, don't be long» (por favor, no se demoren), puede ser también entendida como un juego de palabras con «please, don't belong» (por favor, no pertenezcas), lo que podría interpretarse como parte de un mensaje de la contracultura similar al *drop out* en el lema de Timothy Leary).

La ansiedad y el anhelo insatisfecho del que habla la canción puede ser también un síntoma del extrañamiento del propio Harrison en la nueva dinámica de los Beatles durante las interminables sesiones de grabación (que poco le interesaban): «Mis amigos han perdido el rumbo. Me dijeron: "Ya estamos terminando", pero parece que se perdieron. Por favor, no se tarden. Por favor, no se tarden mucho. Por favor, no se tarden o voy a quedarme dormido».

Sing it again: YOUR MOTHER SHOULD KNOW

Ésta es otra de las canciones que lleva la impronta de McCartney en su recuperación y relectura de la música de jazz de los años veinte y treinta. La misma letra de esta pieza habla circularmente de «una canción que fue un éxito antes de que tu madre naciera». En la película se exagera esta referencia mostrando una coreografía de los Beatles que parodia los bailes de la época de los music hall.

Al igual que WHEN I'M SIXTY-FOUR, es un homenaje a la música que su padre interpretaba en su juventud en la Jim Mac's Jazz Band. Años después, siendo ya parte de Wings, Paul lo sorprendería grabando WALKING IN THE PARK WITH ELOISE, una de sus composiciones, bajo el seudónimo The Country Hams.

La expresión «your mother should know» alude a una frase pronunciada en la película inglesa de 1961 *A Taste of Honey*, la misma que contenía la canción homónima que en 1963 los Beatles reversionaron para *Please Please Me*, su disco debut.

Don't you think the joker laughs at you? I AM THE WALRUS

La complejidad lírica y la autoconciencia compositiva que rodean a I AM THE WALRUS convierten a esta canción en una de las más respetadas del catálogo de los Beatles y una de las más interesantes en sus juegos de intertextualidad y dialogismo.

La sesión de I AM THE WALRUS del 5 de septiembre de 1967 marca la vuelta de los Beatles al estudio tras la muerte de Brian Epstein (que había sucedido una semana antes). La canción rebosa de anarquía semántica y surrealismo. Las imágenes indefinidas e inquietantes de las estrofas —cerdos que huyen de un rifle, el narrador sentado en un copo de maíz, una sacerdotisa pornográfica— se confunden y desembocan en un estribillo aún más enigmático: «Yo soy el hombre huevo, ellos son los hombres huevo, yo soy la morsa. ¡Goo goo g'joob!». Fuera de esa frase, la única expresión que se repite en esta canción de viñetas inconexas es «estoy llorando» (quizás un testimonio emocional de Lennon tras la muerte de Epstein).

Steve Turner explica lo siguiente sobre el contexto de producción de la canción:

> La naturaleza expansiva y desarticulada de I Am The Walrus se debe en gran parte a que es una amalgama de al menos tres ideas de canciones en las que John estaba trabajando, ninguna de las cuales parecía suficiente por sí sola. La primera, inspirada al escuchar una sirena de policía a lo lejos mientras estaba en su casa en Weybridge, comenzó con las palabras «Mis-ter c-ity policeman», que se ajustaban al ritmo de la sirena. La segunda era una melodía pastoral sobre su jardín en Weybridge. La tercera era una canción absurda sobre sentarse en un copo de maíz.[275]

El catalizador final, que terminó de dar forma y enfoque a la canción, fue una carta que Lennon recibió de Stephen Bayley, un estudiante de su alma mater, la Quarry Bank High School. En ella le informaba que un profesor de inglés de la institución asignaba como tarea el análisis de letras de los Beatles. Como respuesta, decidió escribir una canción tan abstracta, enigmática y enredada que resultase imposible de analizar. Según Hunter Davies, quien fue testigo de algunos instantes de la creación de la canción, Lennon le dijo a su antiguo compañero de colegio y miembro original de los Quarrymen, Pete Shotton: «Que se esfuercen un poco con esta».

En la actitud profundamente paródica que dio nacimiento a esta canción reside tanto la dificultad para analizarla como su enorme riqueza. Toda la canción es una burla a la crítica en general y a los críticos literarios en particular:

> Todos supusieron que porque yo afirmé I Am the Walrus, eso debe significar "yo soy Dios" o algo así. Es solo poesía; pero se convirtió en mi símbolo.
>
> Son sólo palabras de un sueño, palabras que no tienen mucho significado. La gente saca muchísimas conclusiones y es ridículo. ¿Qué quiere decir "yo soy el hombre huevo"? Podría estar

hablando de un budín, por lo que a mí respecta. No es algo tan serio. [...]

En esa época escribía oscuramente, como Dylan, indirectamente, pero daba la impresión de que había algo más debajo de la superficie. Es un lindo juego. Pensaba: basta de estas estupideces pretenciosas. Se dijo más sobre los espléndidos textos de Dylan que sobre lo que dicen los textos mismos. Y pasa lo mismo con los míos. Pero fueron los intelectuales quienes leyeron todas estas cosas en los Beatles y en Dylan. [...] Así que pensé: yo también puedo escribir esa porquería.[276]

Lennon siempre fue cínico acerca del sentido de palabras como *poesía* o *arte*; en otra entrevista dijo: «Mezclás unas imágenes, las enhebrás bien y le ponés el título de poesía»[277]. I AM THE WALRUS recuerda, de forma muy ingeniosa, que la crítica suele deslizarse en lo que Umberto Eco denomina *interpretación aberrante*.[278] Para no caer en el *furor interpretandis* que esta canción ataca, conviene rastrear las palabras del autor sobre sus influencias y los diálogos textuales que establece.

Como ya había hecho en otras ocasiones —como el póster victoriano de BEING FOR THE BENEFIT OF MR. KITE, el comercial de televisión de GOOD MORNING GOOD MORNING o las noticias y la película de A DAY IN THE LIFE—, Lennon incorpora a la canción todo tipo de *objets trouvés* de su entorno.

La primera referencia tiene que ver con la melodía con la que inician tres estrofas: «I am he as you are he as you are me and we are all together», «Mister city policeman sitting, pretty little policemen in a row» y «Expert texpert choking smokers, don't you think the joker laughs at you». Es una especie de mímica del sonido de una sirena de la policía. El contexto en el que surge esta canción es el de la represión organizada contra la contracultura inglesa. La policía apuntó sus esfuerzos a algunas de las figuras más destacadas de la juventud de Gran Bretaña con el objetivo de sofocar a los movimientos subversivos (que en Estados Unidos parecían ya incontrolables). Mick Jagger, Keith Richards y Brian Jones de los Rolling Stones, amigos todos de Lennon, habían sido arrestados por posesión de drogas a fines de junio. Un mes después, el 24 de julio de 1967, los Beatles apoyaron (y pagaron) un anuncio de una página completa en el periódico *The Times* en el que diferentes personalidades de la cultura afirmaban que «la ley antimarihuana es inmoral por principio e imposible de poner en práctica».

> Lennon estaba jugueteando con su piano cuando escuchó la sirena de dos notas de un coche de policía a lo lejos. Sea o no un símbolo contra una autoridad mezquina, instantáneamente absorbió este vaivén semitonal en una estructura musical obsesiva, construida alrededor de una escalera perpetuamente ascendente/descendente como las de M. C. Escher con todos los acordes mayores naturales: la secuencia más heterodoxa y tonalmente ambigua que jamás ideó.[279]

A partir de ese trasfondo de persecución policial y de las relecturas aberrantes que algunos críticos literarios hacían sobre la obra de los Beatles, Lennon fue dando a I AM THE WALRUS un tono cada vez más surreal y enigmático, pero evidentemente rebelde y cáustico.

> A medida que la letra progresaba, se volvía más puntiaguda, superando el nivel de un gesto de desprecio escolar para abarcar su resentimiento latente contra el *establishment* británico en su conjunto. Gradualmente volviéndose una secuela enfadada de la melancólicamente oscura STRAWBERRY FIELDS FOREVER, I AM

> THE WALRUS se convirtió en el último alegato antiinstitucional
> de su autor: una diatriba contra la maldita Inglaterra que ataca la
> educación, el arte, la cultura, la ley, el orden, la clase, la religión
> e incluso el sentido en sí mismo: [...] un ataque surrealista a la
> sociedad recta en general —una antiletanía de cerdos sonrientes
> en un establo, policías de ciudad en fila, furgonetas de corpora-
> ciones y guardianes de la moralidad convencional que golpean a
> un compañero rebelde psicodélico (el surrealista adicto al opio
> Edgar Allan Poe)—.[280]

Hay varios sonidos incidentales que contribuyen al (sin)sentido de la canción: risas, gruñidos y unas frases absurdas dichas por un coro —«umpa, umpa, pegalo en tu pullover» y «todo el mundo tiene uno, todo el mundo tiene uno»—. La inclusión incidental más interesante es la transmisión radial de *El rey Lear*. Según las declaraciones de Lennon, no fue un hecho premeditado.*

> También hay parte de una transmisión en vivo de la BBC. Estaban
> recitando Shakespeare. [...] Usé realmente todo lo que había a
> disposición en ese momento. Nunca supe que se trataba de *El
> rey Lear* hasta que, años después, me lo dijeron; me costaba mu-
> chísimo entender qué estaban diciendo. Fue interesante mezclar
> todo, incluida la radio en vivo.[281]

Los fragmentos de la tragedia de Shakespeare que se incluyeron en la canción pertenecen al diálogo de Edgar, Gloucester y Oswald en el Acto IV, Escena VI. Oportunamente, las palabras de la canción y los fragmentos de la obra se combinan y crean frases sugerentes.

---

*. Esto probablemente refleja la influencia de McCartney, que en este tiempo estaba interesado
en la banda de free jazz AMM, que en sus conciertos solía incorporar aleatoriamente sonidos
de emisiones radiales.

Lennon dice «soy el hombre huevo», a lo que Gloucester responde «entonces, buen señor, ¿qué es usted?»; Lennon continúa «ellos son los hombres huevo», Edgar dice «un hombre muy pobre, convertido en manso por los golpes de la fortuna» y Lennon concluye «soy la morsa»[282].

Entre las referencias que aparecen en la canción, sin duda la más importante tiene que ver con la obra de Lewis Carroll: *Las aventuras de Alicia en el País de las maravillas* y *A través del espejo y lo que Alicia encontró allí*. Lennon ya había citado a Carroll en LUCY IN THE SKY WITH DIAMONDS, canción a la que también alude en esta —«mirá cómo vuelan, como Lucy en el cielo»—. El título de la canción, literalmente *Soy la morsa*, está tomado del poema "La morsa y el carpintero" de *A través del espejo*. Al respecto dijo Lennon:

> Para mí era una poesía bellísima. Nunca se me pasó por la cabeza que Lewis Carroll estuviera criticando al sistema capitalista. Nunca fui a fondo para entender qué significaba realmente, como hacen con la obra de los Beatles. Más adelante me puse a ver y me di cuenta de que la morsa es el villano de la historia y el carpintero el buen tipo. Pensé: "Maldita sea, agarré al tipo equivocado".[283]

Fuera de esa aseveración general, Lennon no especificó qué otros elementos de su canción tienden puentes hacia la obra de Lewis Carroll. Se pueden hacer algunas consideraciones a partir de la letra, aunque en un tema como este, el riesgo de sobreinterpretar es alto. Es posible considerar que los neologismos «crabalocker fishwife» y «textperts» son juegos de palabras en la línea del poema sin sentido "Jabberwocky", de *Las aventuras de Alicia en el País de las Maravillas*, que en su primera estrofa dice:

> Brillaba, brumeando negro, el sol;
> agiliscosos giroscaban los limazones
> banerrando por las váparas lejanas;
> mimosos se fruncían los borogobios
> mientras el momio rantas murgiflaba. [284]

La frase inicial de la canción —«yo soy él, así como vos sos él, así como vos sos yo, y todos estamos juntos»— es quizás una elaboración poética de la incertidumbre y confusión que se retrata en la conversación de Alicia con el ciempiés.* O quizás, en la lectura de Ian Marshall, «es reminiscente de la crisis de identidad de Alicia en *A través del espejo*, cuando pregunta: "¿Era yo la misma al levantarme esta mañana? Me parece que puedo recordar que me sentía un poco distinta. Pero, si no soy la misma, la siguiente pregunta es: ¿Quién diablos soy?"»[285].

La frase «mirá cómo huyen como si fueran cerdos ante un rifle, mirá cómo vuelan» es tal vez una reelaboración poética de la conversación sobre los cerdos que vuelan de Alicia con la Reina Blanca (convertida en oveja). Se puede también pensar que el «hombre huevo» es una referencia a Humpty-Dumpty, un personaje de la literatura infantil retomado por Carroll en *A través del espejo y lo que Alicia encontró allí*. También se puede considerar que la expresión «goo goo g'joob» es una referencia a la obra de Carroll vista a través de *Finnegans Wake* de James Joyce. Allí, Humpty-Dumpty pronuncia las palabras «goo goo goosth». Al respecto de *Finnegans Wake*, Lennon dijo:

---

*.   También guarda semejanza con la canción MARCHING TO PRETORIA, que incluye la frase «yo estoy con vos y vos estás conmigo y todos estamos juntos».

> Debo haber visto algo de James Joyce en la escuela, pero no lo profundizamos como a Shakespeare. La primera cosa que se decía de mí era "Oh, leyó a James Joyce", pero no era cierto. Así que pensé que debía comprar *Finnegans Wake* y leer un capítulo. Realmente fue fantástico; mientras avanzaba me sentía como si hubiera encontrado un viejo amigo, pero no llegue hasta el final del libro.[286]

Otra referencia literaria de la canción es una rima infantil. Lennon pidió a su amigo Pete Shotton que le recordara una rima infantil que cantaban en el colegio: «Yellow matter custard, green slop pie, all mixed together with a dead dog's eye. Slap it on a butty, ten foot thick, then wash it all down with a cup of cold sick»*. Las primeras líneas de esta rima infantil aparecen reescritas en la canción como «Yellow matter custard dripping from a dead dog's eye»**.

Según las declaraciones de Lennon, la frase «pingüino del primario canta el Hare Krishna» es una referencia al escritor norteamericano Allen Ginsberg y a otra gente como él «que gusta de Dylan y de Jesús; se la pasaban hablando del Hare Krishna. Me refería a Allen Ginsberg en particular. La referencia al pingüino del primario tiene que ver con la actitud ingenua y elemental de ir por ahí con cantos de Hare Krishna o poner toda tu fe en un ídolo»[287].

Las imágenes de la película *Magical Mystery Tour* que acompañan la canción parecen introducir (con cierta libertad) viñetas de la canción mientras los Beatles la interpretan con vestimenta psicodélica. Cuando la canción menciona «soy el hombre huevo»,

---

*. Crema de sustancia amarillenta, torta de bazofia verde, todo mezclado con el ojo de un perro muerto. Metelo en un sándwich, de tres metros de grosor, luego bajalo todo con una taza de vómito frío.

**. Crema de sustancia amarillenta gotea del ojo de un perro muerto.

Lennon surge con un gorro blanco que parece ser una referencia a los huevos; cuando dice «ellos son los hombres huevo», todos los Beatles aparecen con el mismo gorro; finalmente, se muestran varios hombres vestidos enteramente de blanco y usando el mismo gorro. A su vez, cuando la canción menciona «la morsa», Lennon aparece vestido como morsa, y cuando la canción menciona «el señor policía urbano sienta lindos policías chiquitos en una fila», se muestra una fila de policías. Al llegar a la frase «has sido una niña traviesa, te bajaste la bombacha», se muestra rápidamente una prenda íntima femenina. En la frase «¿no les parece que el bufón se está burlando de ustedes? (jojojo, jijiji, jajaja)» se muestra a una multitud que ríe. Durante la frase «sardinas de sémola suben a la Torre Eiffel» aparecen los Beatles disfrazados de animales mientras gatean por un muro.

En la película, el personaje de la pequeña Nicola responde con una negativa a todos los ofrecimientos de Lennon. En la lista de canciones que aparece en el arte del disco, se puede leer, justo debajo de I Am The Walrus: «"No, you're not", said Little Nicola»*. John volvería a jugar con esta ambigüedad semántica y con la metáfora de la morsa varias veces más. En el siguiente disco de los Beatles, el *White Album*, la canción Glass Onion afirma que la morsa no había sido Lennon, sino McCartney. La morsa se menciona nuevamente en Come Together de *Abbey Road*. En God, de su primer disco solista, *Plastic Ono Band*, Lennon hace una aseveración definitiva al respecto; la morsa, que era un símbolo de sus máscaras y una forma de ocultar su verdadero yo, es finalmente rechazada: «Antes era la morsa; ahora soy simplemente John».

---

*.   Soy la morsa. "No, no lo sos", respondió la pequeña Nicola.

I don't know why: HELLO GOODBYE

La cara B de *Magical Mystery Tour* comienza con una obra de Paul, la última canción en ser grabada para este proyecto (fue terminada el 2 de noviembre de 1967). HELLO GOODBYE es una dialéctica inútil entre opuestos: hola/adiós, sí/no, quedate/andate. Según Alistair Taylor, asistente de los Beatles, la canción fue un mero ejercicio de aleatoriedad y asociación de palabras.[288] Este mecanismo de afirmación y respuesta contradictorias entre sí ya había aparecido en una canción de *Sgt. Pepper*, GETTING BETTER, también compuesta por McCartney, y en la que también Lennon cantaba el coro.

Esta es una de las canciones que transmite de la manera más evidente la sensación de hastío del período post-*Pepper*. En ese contexto, la parodia se vuelve un recurso constante en la composición y una clave poética para evadir el hartazgo. El video promocional de HELLO GOODBYE —que la banda grabó para "enviar de gira" en su lugar, como ya habían hecho con PAPERBACK WRITER/RAIN y STRAWBERRY FIELDS FOREVER/PENNY LANE— refuerza esa sensación, ya que parodia a los mismos Beatles. El video muestra una actuación de la banda vestida con los trajes utilizados para el arte de tapa de *Sgt. Pepper*; a lo largo del show, realizan una serie de movimientos de los tiempos de la Beatlemanía: Ringo mueve la cabeza, Paul y John hacen algo con los pies (que solían denominar "movimiento espástico") y los cuatro hacen una reverencia al público.

Cuando parece terminar, la canción reaparece y tiene su "Maori Finale", que guarda un parecido formal con el segundo final de TICKET TO RIDE de 1965. La parodia a la Beatlemanía continúa —todos imitan movimientos típicos del rock and roll y, en particular, de Elvis— y se mezcla aquí con vestimentas y cantos que parodian la música hawaiana.

Nothing is real: Strawberry Fields Forever

Lennon compuso Strawberry Fields Forever en Almería, España, mientras realizaba el papel del mosquetero Gripweed para la película *How I Won the War* de Richard Lester durante el otoño de 1966. El chalet que Lennon alquiló en Almería se llamaba Santa Isabel y tenía portones de hierro forjado y una exuberante vegetación similares a los de Strawberry Field*, un orfanato del Ejército de Salvación en Beaconsfield Road, en Liverpool.

Siendo un niño, John se colaba allí para jugar con sus amigos Pete Shotton e Ivan Vaughan. «Estas visitas ilícitas eran, para John, como las huidas de Alicia por la madriguera del conejo y a través del espejo. Sentía que estaba entrando en otro mundo, un mundo que se correspondía más de cerca con su mundo interior»[289]. A veces, también iba a Strawberry Field con su tía Mimi para las fiestas de verano. Quedaba a unos cinco minutos a pie desde su hogar en Menlove Avenue. En Woolton, suburbio de Liverpool donde vivía Lennon,

> Había dos casas famosas. Una era propiedad de Gladstone y era un reformatorio masculino que se podía ver desde la ventana de mi casa; la otra era Strawberry Field, atrás de la esquina, una vieja casa victoriana reestructurada para los huérfanos, del Ejército de Salvación. Parece que fue una industria donde cultivaban frutillas. Cuando era niño iba a sus fiestas en el jardín.[290]

---

*.   Lennon lo convirtió en plural.

Este recuerdo fue la clave a partir de la cual fue escrita STRAWBERRY FIELDS FOREVER, la canción que desató el proceso creativo que llevaría a *Sgt. Pepper* y al resto de la producción de la temporada especial de 1967. Strawberry Fields es un lugar fuera del tiempo: un paisaje de memorias confusas y percepciones alteradas, de metáforas infantiles, dilemas de la adultez e introspección onírica. Esta evocación de la infancia definió el tono intimista e introspectivo de la letra; «STRAWBERRY FIELDS fue psicoanálisis aplicado a la música»[291], diría Lennon.

La frase inicial, un estribillo que se repite a lo largo de la canción, es una invitación extendida al oyente: «Dejame llevarte conmigo». Otra evocación del pasado había llevado a Lennon a componer IN MY LIFE en 1965, «la primera vez que puse conscientemente mi parte literaria en la letra de una canción»[292].

Al respecto de la frase «no hay nadie, creo, en mi árbol. O sea, debo estar demasiado alto o demasiado bajo», Lennon dijo:

> Lo que estaba tratando de decir en esa línea es "nadie parece ser tan moderno como yo, por lo tanto debo estar loco o ser un genio". [...] No me refiero literalmente a genio, como las cosas que deificamos, sino como el espíritu de genialidad que puede venir a través de cualquiera en cualquier momento dado. Y si hay tal cosa, bueno, voy a ser uno. [...] Lo que estoy diciendo, de mi propia insegura manera, es que nadie parece entender de dónde vengo. Parece que veo las cosas de una manera diferente a la mayoría de las personas.[293]

El video promocional de STRAWBERRY FIELDS FOREVER, filmado para el lanzamiento del sencillo en febrero de 1967, refuerza las implicaciones de estas ideas: usa filtros visuales de colores para lograr un tono surreal, incorpora tomas de los Beatles jugando (otro tópico de la infancia), hay una abundancia de tomas en un primerísimo primer plano (que subraya el enfoque introspectivo) y la superposición de imágenes crea un ambiente psicodélico.

En esa intro/retro-spección, las palabras se superponen y contradicen; el autor no tiene intenciones de ordenar sus memorias ni su interior, ya que «nada es real y no hace falta preocuparse por nada». Lennon adopta un tono particularmente dubitativo a lo largo de la canción: «No hay nadie, creo, en mi árbol. O sea, debo estar demasiado alto o demasiado bajo. Me refiero a que no podés sintonizar; pero no importa. Es decir, me parece que podría ser peor»; y también: «Siempre o, mejor dicho, a veces creo que es mi culpa, pero, viste, yo sé cuándo es un sueño. Creo saber cuando quiero decir "sí", pero quizás no. Me refiero a que me parece que no estoy de acuerdo».

El estilo dubitativo de Strawberry Fields Forever es probablemente una metáfora del esfuerzo literario de Lennon por lograr articular una percepción que excede a todo lenguaje y racionalidad. Quizás traduzca de alguna manera la creciente duda personal y la pérdida de autoconfianza que le estaba causando en esos tiempos el LSD, y quizás sea un guiño al característico tartamudeo de My Generation de los Who (publicada a fines de 1965). Un elemento extra que contribuye a la indeterminación de la canción es su doble final; tras una primera atenuación lenta, reaparecen sonidos psicodélicos y palabras sueltas durante unos segundos más antes de extinguirse por completo.

John era, según el recuerdo de George Martin, extremadamente impaciente en el estudio de grabación: «Una vez que tenía una idea, tenía que capturarse rápidamente. Si no se materializaba en muy poco tiempo, tendía a divagar y perder interés»[294]. Para esta pieza, sin embargo, Lennon guió a los Beatles a una cantidad de tiempo absolutamente sin precedentes hasta el momento para la producción de sus canciones: 55 horas de estudio repartidas en cinco semanas; la mayor parte de ese tiempo se dedicó a la experimentación con diferentes instrumentos, texturas, timbres y técnicas. El dato no solo confirma la importancia que el propio Lennon otorgaba a la canción, sino que también marcaría el rumbo a seguir para todo el proyecto de *Sgt. Pepper*.

STRAWBERRY FIELDS FOREVER «resume la esencia del arte de los Beatles en cuatro minutos, y es probablemente la canción clave en todo su repertorio»[295]. Se dice que, después de escuchar STRAWBERRY FIELDS FOREVER, Brian Wilson de los Beach Boys abandonó el entusiasmo por componer el disco que sucedería a *Pet Sounds* (que se llamaría *Smile*); aparentemente, creía que los Beatles ya habían logrado con esta pieza todo lo que se puede lograr en una canción pop.[296]

Beneath the blue suburban skies: PENNY LANE

Lennon y McCartney caminaron hacia la madurez compositiva a través de un constante sentido de mutua competencia. Cuando uno escribía una canción con un elemento original, el otro intentaba superarla. PENNY LANE es la respuesta de McCartney al desafío que le representó STRAWBERRY FIELDS FOREVER de Lennon; al igual que la de John, es una remembranza nostálgica de la infancia. Ambas piezas representan la quintaesencia de la poética de cada compositor.

Penny Lane es una calle de Liverpool y también el nombre del área que rodea su intersección con Smithdown Road. Por ser un punto neurálgico del transporte de la ciudad, Paul solía pasar frecuentemente por ahí (en esos viajes de autobús en los que fumaba y contemplaba la ciudad, de los que habló en A DAY IN THE LIFE).

McCartney nunca vivió en la zona de Penny Lane; Lennon sí, en una calle llamada Newcastle Road.

PENNY LANE —«a la vez ingenua y autoconsciente»[297], «en parte real y en parte nostalgia»[298]— es una oda a la infancia perdida: un tiempo bañado por la sencillez y la luz del asombro. Nicholas Schaffner ha sugerido que la inspiración de PENNY LANE se remonta al poema "Fern Hill" de Dylan Thomas, a quien McCartney leyó con dedicación.[299]

En la vibrante calle Penny, la perspectiva de novelista de Paul brilla en todo su esplendor. Somos espectadores de una incesante coreografía de personajes de lo más comunes —un barbero, unos transeúntes, un banquero, unos niños, un bombero, una enfermera— retratados como si fueran mágicas apariciones bajo los azules cielos suburbanos.

Para McCartney, la rutina de lo cotidiano es (como sospecha la enfermera) parte de una mágica obra de teatro universal. «Solíamos aumentar la realidad para hacerla un poco más surreal»[300], dijo; y también afirmó: «Introducíamos algunos cambios para darle un toque más artístico»[301].

Uno de los mecanismos evocativos de la canción es el uso de palabras y expresiones típicas de Liverpool y de Inglaterra. La frase «four of fish and finger pie» hace referencia a dos elementos de la cultura popular de Liverpool. "Four of fish" —literalmente: cuatro de pescado— son las palabras que se usaban para pedir el equivalente a cuatro peniques de pescado, y "finger pie" es una frase del lunfardo liverpuliano para referirse a la masturbación. Por su parte, la palabra "mac" —en «the banker never wears a mac in the pouring rain»— es una apócope de "mackintosh", un modismo para *impermeable*.

La frase «una linda enfermera vende amapolas en una bandeja» hace referencia a una celebración inglesa establecida por el rey

Jorge V, el *Remembrance Day* (Día del recuerdo), también conocido como *Poppy Day* (Día de la amapola) o *Armistice Day* (Día del armisticio). En esta fecha (el 11 de noviembre) se venden amapolas rojas para recolectar fondos para los veteranos de guerra; la amapola como símbolo inglés del sacrificio militar se remonta a las batallas en los campos de amapolas de Flandes durante la Primera Guerra Mundial.

Al igual que en Strawberry Fields Forever, los recuerdos del pasado permean el presente y rarifican la percepción del tiempo y el espacio. En la letra de la canción se describen, al mismo tiempo, un día soleado —«the blue suburban skies»— y un día lluvioso —«the banker never wears a mac in the pouring rain» y «the fireman rushes in from the pouring rain»—, un día de verano —«a four of fish and finger pies in summer»—y un día de invierno —la escena de la enfermera que vende amapolas sucede a principios de noviembre—.

Los lugares mencionados en la canción son también una superposición creativa entre imaginación y recuerdo. En la zona de Penny Lane había efectivamente una barbería —atendida por un hombre que afirmó haber cortado el pelo a John, Paul y George cuando eran niños—, dos bancos, una estación de bomberos y un cobertizo en el medio de una rotonda, pero varios detalles de la letra son licencias poéticas de McCartney.

El sonido limpio y claro de la ingeniería de la canción sigue la huella del disco referente de McCartney de la época, *Pet Sounds* de los Beach Boys, y en especial de God Only Knows (a la que considera, hasta el día de hoy, una de las canciones más bellas jamás escritas). El solo de trompeta piccolo, un instrumento bastante inusual en la música pop, fue inspirado por el *Segundo Concierto de Brandemburgo* de Bach, que Paul escuchó en una retransmisión de la BBC (el 11 de enero de 1967) mientras trabajaba en la canción.

Sin embargo, esa intertextualidad parece «extraña y fuera de lugar. Los parecidos entre la melodía tocada en la canción y el solo del *Concierto de Brandemburgo* (en el que McCartney dice haberse inspirado) son tan remotos que parece un dato irónico»[302]. El mismo trompetista que había impresionado a Paul en la transmisión de la BBC, Dave Mason, grabó el solo de la canción; una trompeta piccolo, la más parecida a un juguete infantil, parece la única posible en este mundo de ficción.[303]

El video promocional de Penny Lane, lanzado junto con el de Strawberry Fields Forever, muestra a los cuatro Beatles paseando por la calle Penny y recorriendo algunos de los lugares mencionados en la canción (como la barbería y la estación de autobuses). Luego de caminar por el escenario urbano de Penny Lane, la banda se aleja de la ciudad y se dirige al campo. Vestidos con colorida ropa militar y montando a caballo, llegan hasta un escenario (similar a muchos de los de la época de la Beatlemanía), pero siguen cabalgando y se alejan. Luego llegan a una mesa, en la que se sientan para tomar un aperitivo; unos mozos vestidos con trajes antiguos y pelucas barrocas les acercan sus instrumentos. Los Beatles los contemplan con cierta sorpresa y, en una actitud de rebeldía, derriban la mesa. Si el video promocional de Strawberry Fields Forever evocaba el espíritu de la canción a través de filtros y efectos visuales, el video de Penny Lane parece ser una metáfora de la canción misma y del nuevo rumbo que habían tomado los Beatles. Metáfora, en primer lugar, de la fusión de géneros y tradiciones, algo que en la canción se ve con toda claridad, entre el pop urbano y la música clásica (el *psicoclasicismo* del que habla Naphtali Wagner)[304]. Y, en segundo lugar, de la distancia que la banda estaba tomando tanto de la histeria adolescente asociada con la Beatlemanía como de la alta cultura elitista asociada con la música clásica.

One of the beautiful people: BABY YOU'RE A RICH MAN

Al igual que A DAY IN THE LIFE, BABY YOU'RE A RICH MAN es la fusión de dos proto-canciones: una de Lennon (que se llamaba provisionalmente ONE OF THE BEAUTIFUL PEOPLE) y una de Mc-Cartney (el estribillo). El resultado, no tan notable como la última canción de *Sgt. Pepper*, está formado por una serie de preguntas en las estrofas y unas afirmaciones en el estribillo. Ambas partes ponen en evidencia la hipocresía y la frivolidad de la "gente bien" («the beautiful people»).

Fue la primera canción grabada específicamente para la película animada *Yellow Submarine*, que se estrenaría en julio de 1968, aunque finalmente no entró en la edición, sino que fue el lado B del sencillo ALL YOU NEED IS LOVE. Además, fue la primera canción que se grabó completamente fuera de Abbey Road.[305]

"Beautiful people" era una expresión usual dentro de la juventud psicodélica de la Costa Oeste de Estados Unidos para referirse a la gente *cool*, sofisticada y con dinero. La canción fue inspirada por el happening *14-Hour Technicolour Dream*, al que Lennon asistió, en el que actuaron Pink Floyd, Pete Townshend (guitarrista de los Who) y Yoko Ono, entre otros. El evento sucedió el 29 de abril de 1967 en el Alexandra Palace y fue la primera gran celebración de la "gente bien" de Inglaterra. La sesión de BABY YOU'RE A RICH MAN, organizada con poca antelación, se llevó a cabo el 11 de mayo.

Más allá del sarcasmo general, la canción puede estar dirigida a dos referentes inmediatos. El descargo de Lennon en las estrofas contra la "gente bien" —que han llegado lejos en la vida, están «afinadas en un MI natural y son felices de ser así»— puede ser un guiño contra McCartney, referente indiscutido de la *swinging London* de mediados de los sesenta. Y la parodia contra el "hombre rico" del estribillo de Paul se dirige probablemente a Brian Epstein, manager de los Beatles; de hecho, se dice que en las sesiones de grabación, Lennon cambiaba esa parte de la letra por «Baby, you're a rich fag Jew» —Epstein era homosexual y de ascendencia judía—.

Hay un instrumento que contribuye con melodías orientales en los momentos de silencio de la voz principal. Se llama clavioline y era un teclado electrónico autoamplificado que reproducía diferentes efectos de sonido; fue creado por Constant Martin en Francia en 1947 y se usó en canciones legendarias como Runaway de Del Shannon (1961) y Telstar de los Tornados (1962). En este caso, Lennon interpretó el clavioline intentando emular el sonido del shehnai, un instrumento de viento indio. El concepto de su interpretación proviene de una técnica de ornamentación musical de la música clásica de la India (*gamaka*).

It's easy: ALL YOU NEED IS LOVE

La canción que cierra *Magical Mystery Tour* fue compuesta por Lennon para el evento llamado *One World*: la primera transmisión televisiva vía satélite, emitida el 25 de junio de 1967, que fue vista por 400 millones de personas en 26 países. Los Beatles fueron los representantes de Inglaterra para ese evento de exposición de culturas y nacionalidades.

Lennon (que admiraba los eslóganes de la política)* quería una canción que fuera como un lema que pudiera unir a la gente; cuando le preguntaron años después si GIVE PEACE A CHANCE y POWER TO THE PEOPLE eran canciones de propaganda y

---

*.   COME TOGETHER de *Abbey Road* es una canción escrita precisamente a partir del lema de campaña para gobernador de California de Timothy Leary («Come Together. Join the Party!»).

revolución, respondió que sí, y que su primera incursión en ese género había sido precisamente ALL YOU NEED IS LOVE.

En la búsqueda de un tópico universal, con capacidad para congregar a los pueblos, Lennon recuperó uno que ya había explorado unos años atrás: «Mientras trabajaba en el álbum *Rubber Soul*, cuando era más joven, empecé a entender que el amor es la respuesta. Lo expresé por primera vez en una canción titulada THE WORD. La palabra es *amor*. "En los libros malos y buenos que he leído, lo que sea, donde sea, la palabra es *amor*"»[306].

ALL YOU NEED IS LOVE también considera el amor desde una lente metafísica, casi religiosa, similar a la que abrazó Harrison en WITHIN YOU WITHOUT YOU («con nuestro amor podríamos salvar el mundo»). Expresiones como «nada de lo que puedas hacer es imposible» recuerdan directamente pasajes de la Biblia y dichos de Jesús. Los coros que repiten "amor, amor, amor" son como un mantra «mitad ingenuo, mitad sarcástico»[307] por el cual todas las acciones se pueden realizar, todas las melodías se pueden entonar, todas las personas pueden ser salvadas y eventualmente todos podemos encontrar nuestra verdadera identidad. Es fácil: «All you need is love, love, love is all you need».

La canción captura a la perfección las aspiraciones de la juventud del verano de 1967, «la época en que la guerra en Vietnam estaba en su punto más álgido y la "generación del amor" mostraba su oposición organizando una serie de protestas pacíficas»[308]. La transmisión de *One World* corona un momento clave de la historia de la cultura popular. Un mes antes, los Beatles habían publicado *Sgt. Pepper's Lonely Hearts Club Band*, emblema del verano del amor y de las aspiraciones de la contracultura. Y una semana antes (entre el 16 y el 18 de junio), se había realizado el Monterrey Pop Festival, antecesor de Woodstock, el primer gran festival de rock de la historia, donde tocaron Jimi Hendrix, The Who, Otis

Redding, The Byrds, The Mamas and the Papas, Ravi Shankar, The Big Brother and the Holding Company (con Janis Joplin), Simon & Garfunkel, Eric Burdon and The Animals, Buffalo Springfield con David Crosby, etc.

ALL YOU NEED IS LOVE fusiona de manera inseparable instrumentación clásica (harpsicordio, violines, violonchelos, trompetas, trombones) con una estructura e instrumentación típicas de una canción pop. George Martin, productor de los Beatles, les preguntó qué arreglos querían para la canción. «Escribe absolutamente lo que quieras, George. Reúne las melodías que te gusten»[309], le dijeron.

Mark Spicer remarca la importancia de Martin a lo largo de la discografía de los Beatles y, particularmente, en esta canción: «Uno difícilmente puede subestimar la importancia de la colaboración del productor George Martin en la composición, arreglo y grabación de la obra de los Beatles. Si no fuera por su pericia musical, muchas de las características más originales de sus últimas canciones [...] quizás nunca hubieran sucedido»[310].

Considerando el alcance global que tendría la transmisión de *One World*, Martin escribió un arreglo orquestal que acentúa la unidad internacional al incorporar citas musicales de varias piezas (antiguas y contemporáneas) de diferentes partes del mundo. Dijo Martin: «La mezcla que se me ocurrió fue obtenida de la *Marsellesa*, una de las dos voces de las *Invenciones* de Bach, GREENSLEEVES y una frasecita de IN THE MOOD. Los entrelacé todos juntos, a ritmos ligeramente diferentes para que todos siguieran funcionando como entidades separadas»[311].

En un evento que tenía como objetivo representar a Gran Bretaña frente a una audiencia internacional, ALL YOU NEED IS LOVE comienza irónicamente con una cita de la *Marsellesa*, el himno francés. «La instantánea familiaridad de la melodía es totalmente apropiada en este contexto, ya que sirve como una señal internacional que conduce al mensaje universal»[312] de la canción. También es irónico el mensaje de paz mundial utilizando un himno cuyo estribillo reza: «A las armas, ciudadanos. Formad vuestros batallones. Marchemos, marchemos, que una sangre impura riega nuestros surcos».

Hacia el final, la coda se construye sobre una base armónica sencilla y repetida que permite la cita libre de un grupo de obras. La primera, guiada por la trompeta, recupera una de las piezas que componen las *Invenciones y sinfonías* de Johann Sebastian Bach, la Invención en dos partes en FA mayor. Luego, se cita In the Mood, el clásico de jazz del norteamericano Glenn Miller. En tercer lugar, Greensleeves, una de las melodías más famosas del folclore inglés. A este collage de intertextos pensados por George Martin, se agregan dos citas de dos de las canciones más importantes de los mismos Beatles, improvisadas por Lennon durante los ensayos: Yesterday —recuperada con cierta ambigüedad a través de la mera mención de su título— y She Loves You —citada a través de su estribillo: «She loves you, yeah, yeah, yeah; she loves you, yeah, yeah, yeah»—.

En el contexto de la transmisión satelital a todo el mundo, esta recopilación de citas no podría ser más estratégica: *La Marsellesa* es francesa y fue compuesta a fines del siglo XVIII; Bach era alemán y escribió en la primera mitad del siglo XVIII; Glenn Miller era norteamericano y vivió durante la primera mitad del siglo XX; y Greensleeves es una melodía tradicional inglesa que, según la tradición, fue compuesta por el rey Enrique VIII en el siglo XVI.

> Parece haber un propósito de trabajo definido, uno en el cual se toman prestadas melodías para evocar la atmósfera multinacional que concuerda con el sentido de la transmisión de *Our World*.

> [...] Y esto es lo que hace que este particular torbellino de citas
> sea tan crucial como contribución al significado de ALL YOU NEED
> IS LOVE: el poder del amor no tiene tiempo, trasciende las barre-
> ras históricas y culturales.[313]

La inclusión de dos canciones de los Beatles en ese catálogo trans-
histórico y multicultural funciona como una parodia de sí mismos
—de hecho, los Beatles cantan SHE LOVES YOU casi como una bro-
ma—, pero también como una instancia de autoconciencia: una
cita completa y una sutil de la propia discografía de la banda (los
únicos intertextos cantados) comparten ese escenario sin barreras
temporales ni territoriales con algunas de las grandes obras de la
historia de la música.

El video de la transmisión satelital agrega algunos elementos a
este sentido general de transculturalidad. El estudio de televisión
está decorado con flores y globos de colores; se puede ver una gran
figura del símbolo chino del ying-yang. Hay personas que pasean
por el estudio con carteles que contienen la palabra "Amor" en
varios idiomas.

Los Beatles están vestidos con atuendos psicodélicos y, junto
a ellos, casi como una representación de la audiencia internacional, hay un pequeño público que también tiene ropa psicodélica. Es gente joven —la esperanza de la contracultura—, y muchos
de ellos eran parte de la *beautiful people* inglesa. A los pies de los
Beatles, casi como aprendices de los cuatro gurús de la psicodelia, se encuentran figuras como Brian Jones, Mick Jagger y Keith
Richards de los Rolling Stones, la actriz y cantante Marianne
Faithfull, Keith Moon de los Who, Eric Clapton (que en esa época
lideraba Cream), Graham Nash (en ese tiempo parte de los Ho-
llies, aunque poco después formaría Crosby, Stills & Nash), Jane

Asher (novia de Paul), Patti Boyd (esposa de George), el biógrafo de los Beatles Hunter Davies, etc.

Epílogo

Pasan los años y seguimos visitando el legado de los Beatles con una fascinación que se pasa de padres a hijos sin esfuerzo. ¿Por qué volvemos a sus canciones después de tantas décadas? ¿Cómo es posible que su obra no se haya perdido entre la maraña de productos de la cultura popular que todo el tiempo necesita matar el pasado para poder recrearse?

En todos sus años como banda, los Beatles lanzaron oficialmente poco más de 200 canciones, aproximadamente unas 10 horas de música. Es imposible medir la trascendencia y el impacto que esas 10 horas han tenido en nuestra cultura. Es igualmente difícil hacer un catálogo exhaustivo de los motivos que convirtieron su obra en un hecho tan fundamental para entender el mundo en el que vivimos: las complejas razones musicológicas, literarias, artísticas, sociológicas, filosóficas, religiosas, históricas, geopolíticas y económicas detrás del éxito de esa discografía que un estudioso catalogó como «el resultado de una deliberada ingenuidad teórica y una empeñada incompetencia práctica en asuntos musicológicos»[314].

> Todo lo que pasó por su proceso de escritura y arreglos fue tan creativamente reformado que pocos otros artistas de cualquier origen incluso se acercaron a igualarlos. [...] Continuamente investigaban nuevos métodos y conceptos: empezaban y terminaban canciones en la "clave incorrecta", empleaban escalas modales, pentatónicas e indias, incorporaban efectos de estudio e instrumentos exóticos, y mezclaban ritmos e idiomas con una versatilidad única. Siempre buscando nuevos estímulos, experimentaron con todo, desde loops de cinta hasta drogas y procedimientos aleatorios tomados de la vanguardia intelectual. Y, como si esto no fuera suficiente, los tres Beatles compositores tenían formas muy diferentes de escribir, lo que en conjunto otorgaba a su producción una riqueza y una imprevisibilidad aún mayores.[315]

Los Beatles «dieron voz a un sentimiento generalizado de que las viejas formas estaban fuera, estableciendo así la agenda para el cambio cultural y político»[316]. En su historia como banda y en su producción artística encarnaron la metanarrativa de los cambios culturales de uno de los períodos más frenéticos y revolucionarios de la historia de la humanidad.

«La verdadera revolución de los años sesenta —más poderosa y decisiva para la sociedad occidental que cualquiera de sus subproductos externos— fue una revolución interna de sentimientos y suposición: una revolución de las mentes»[317]. La democratización del fenómeno estético, la incorporación efectiva de la clase trabajadora al mercado cultural de masas y la globalización del mito romántico de la autocreación del artista confluyen en la historia de los cuatro muchachitos de Liverpool de manera dramática y duradera.

Y, si «fueron los principales creadores de mitos de la década de 1960, esto fue al menos en parte porque los tiempos demandaban urgentemente explicaciones de gran alcance»[318]. Diferentes personas, grupos e intereses —a menudo incompatibles entre sí— proyectaron en sus canciones sus propias ilusiones de libertad, autodeterminación, creatividad y esperanza. Se convirtieron en místicos y sacerdotes de un nuevo tipo de religiosidad secular para una época que necesitaba llenar el vacío dejado por los pregoneros de la muerte de Dios: una mitología de masas para tantear el Absoluto y reafirmar los lazos de coexistencia social en medio de descubrimientos tecnológicos fascinantes, vertiginosas transformaciones éticas, sonoros desmoronamientos de grandes relatos y amenazas de extinción planetaria. Las liturgias ácidas y orientalistas de la contracultura psicodélica de fines de los sesenta representan la expresión más refinada de este anhelo de sentido y trascendencia; las teorías conspirativas en torno a los Beatles —con la muerte de Paul a la cabeza— expresan la faceta más persecutoria de este instinto religioso.

Siguiendo el ejemplo de compositores de rock and roll como Chuck Berry y Buddy Holly, los Beatles se animaron a perfeccionar el arte de escribir e interpretar sus propias canciones, y bajo la influencia de Bob Dylan se fueron alejando de su *período chicle* y descubriendo nuevos senderos por recorrer, tanto musicales como literarios. Sus canciones dejan progresivamente de ser composiciones inocuas y efímeras para acercarse a temas más personales y trascendentes, desde una óptica intimista, crítica y reflexiva, pero al mismo tiempo vanguardista y masiva.

Los Beatles «se habían transformado de ser los proveedores de rock y pop para adolescentes más exitosos de la historia en artistas, es decir: tejedores de narrativas complejas, sutiles y profundas sobre las cuestiones eternas de la humanidad»[319]. Su enorme popularidad y su original acercamiento a la canción cambió dramáticamente la forma de escribir, producir e interpretar música popular en las décadas siguientes, y muchos paradigmas asociados con la cultura popular, la industria del entretenimiento y el arte. «La forma de hacer las cosas de los Beatles cambió la forma en que se hacían las cosas y, al hacerlo, cambió la forma en que esperamos que se hagan las cosas»[320].

Para fines de 1966, la narrativa de los Beatles había logrado una longevidad, legitimidad y potencia sin precedentes para las estrellas de rock y pop de la época. Su producción reciente —en especial los discos *Rubber Soul* (diciembre de 1965) y *Revolver* (agosto de 1966)— se había vuelto cada vez más sofisticada y ambiciosa. Semejante apuesta artística, ensayada sin pudores por la banda más importante del mundo, «los había convertido a ellos y a su música en objetos del tipo de escrutinio y estudio previamente reservado para figuras religiosas veneradas y textos sagrados. Cada uno de sus movimientos era cronometrado por revistas de fans, publicaciones comerciales de música e incluso por la prensa general»[321].

La publicación de *Sgt. Pepper's Lonely Hearts Club Band* a fines de mayo de 1967 fue celebrada como «una clase magistral de música pop»[322], «un barómetro de nuestros tiempos»[323], «el epítome de la tradición musical de la que nace»[324]. Fue el disco que finalmente logró «la legitimación cultural de la música popular»[325]. En palabras de Wilfrid Mellers, «aunque parte desde las convenciones del pop, se convierte en "arte" (y un tipo de arte cada vez más sutil)»[326].

No todos, sin embargo, lo celebraron de la misma manera; en su crítica para el *New York Times*, Richard Goldstein predijo que este disco tenía el poder para destruir casi en solitario el rock and roll.[327] Tim Riley lo llama "la Mona Lisa de los Beatles", en otras palabras: la obra más festejada de un artista, aunque no sea necesariamente la más relevante a nivel artístico.[328] De cualquier manera, si en algo se ponían de acuerdo defensores y detractores de la nueva incursión creativa de los Beatles era en su trascendencia histórica e importancia cultural.

El lanzamiento de *Magical Mystery Tour* hacia finales de 1967 no sólo profundiza las búsquedas estéticas de *Sgt. Pepper*, sino que marca también el comienzo del final para los Beatles. La falta de nuevos desafíos, el agotamiento de la presión pública, la muerte de Brian Epstein, la ansiedad por hacer funcionar el proyecto de McCartney, la depresión y adicción al LSD de Lennon (y su incipiente romance con Yoko Ono), el creciente descontento de Harrison, la sensación de ser prescindible e irrelevante de Starr, las progresivas diferencias de personalidad y visiones artísticas, los conflictos económicos, las demandas y compromisos familiares de unos Beatles que ya no eran las estrellas adolescentes de antaño… todos estos elementos y varios más dieron forma durante la segunda mitad de 1967 a una bomba de tiempo.

La situación no podía extenderse indefinidamente. Como una estrella agonizante, los Beatles habían llegado a sus límites interpersonales y la gravedad de sus diferencias los estaba haciendo colapsar. Las tensiones humanas, psicológicas y artísticas que habían generado la química más potente de la música popular había sobrepasado sus capacidades de tolerancia y había devenido en resentimiento, mezquindad y sospecha. Durante los dos años siguientes ensayaron diferentes proyectos —que incluyeron la inauguración de una tienda de ropa—; eventualmente, la búsqueda de un nuevo responsable de sus finanzas sería la gota que colmaría el vaso. El monstruo de cuatro cabezas había llegado a su fin.

Con la separación de los Beatles, se lanzaron cuatro carreras solistas de proporciones y méritos desiguales. La de Ringo, poco arriesgada y siempre tamizada por su historia con los Fab Four, tuvo sus momentos, pero fue sin duda la menos destacada. Quien más se benefició con la ruptura de la banda fue probablemente George, que en los años siguientes liberó el caudal de canciones que había acumulado durante años bajo la sombra de la dupla compositiva Lennon/McCartney. El mejor trabajo solista de John y Paul, dice Matthew Schneider, «se produjo en los primeros dos años más o menos después de la separación de los Beatles, cuando para cada uno, el otro seguía siendo una poderosa presencia mental»[329]. Sin el optimismo perfeccionista de su mitad dialéctica, muchas canciones de Lennon encallaron en la acidez existencial, el sermón moralista o la pura fuerza bruta sin cauce. Aunque probablemente fue el Beatle con la carrera solista más prolífica, al no tener su contrapeso crítico, irónico y áspero, McCartney ha producido desde entonces una buena cantidad de piezas sosas, chabacanas, autocomplacientes.

Luego de sus discos de 1967, los Beatles continuaron profundizando en mecanismos de intertextualidad y diálogo con otras obras de una manera cada vez más estratégica, autoconsciente y compleja. Ya he mencionado antes la irreverente actitud paródica y la abrumadora proliferación de géneros que existe en un disco como el *White Album*, y el desarrollo de las posibilidades de una obra contínua (algo que ya habían ensayado en *Sgt. Pepper*) en el Medley de Abbey Road.

En sus últimos álbumes de estudio, un elemento que había aparecido ocasionalmente en discos anteriores se convierte en una clave fundamental: la intertextualidad interna. En otras palabras: el diálogo autoconsciente con su propia obra. La autoconciencia compositiva de la banda y la conexión con sus raíces musicales primigenias —algo que se ve muy claramente en el disco y la película *Let It Be*, e incluso más en el documental *The Beatles: Get Back*— los llevan a retomar temas, frases, melodías, formatos y textos de su propia obra. Esto había sido ya ensayado antes; I Am

The Walrus de *Magical Mystery Tour*, por ejemplo, había utilizado este recurso al mencionar a «Lucy in the sky», una referencia a Lucy in the Sky with Diamonds de *Sgt. Pepper*.

Quizás el caso más notable de esta estrategia sea Glass Onion del *White Album*. La expresión que da título a la canción —que puede traducirse como "cristal de cebolla" o también como "espejo de cebolla"— es, en sí misma, una referencia al libro de cabecera de Lennon, *A través del espejo y lo que Alicia encontró allí*, de Lewis Carroll.

Glass Onion es un catálogo de canciones previas de los Beatles. En ese sentido, funciona como una parodia de Short Fat Fannie, canción de 1957 de Larry Williams que ofrecía un catálogo de famosos títulos de rock and roll, como Slippin' n' Slidin', Long Tall Sally, Rip It Up, Dance (With Me Henry), (Work With Me) Annie, Heartbreak Hotel, Fever, Tutti-Frutti, Hound Dog, Blue Suede Shoes, Honky Tonk, Mary Lou, Jim Dandy to the Rescue, (Blue) Monday y Blueberry Hill.

A diferencia del catálogo de Larry Williams, las alusiones de Glass Onion señalan únicamente a canciones de los Beatles: Strawberry Fields Forever, I Am the Walrus, Lady Madonna, The Fool on the Hill y Fixing a Hole. Lennon parodia incluso la propia obra de los Beatles, introduciendo voluntariamente dos referencias erróneas: que en I Am the Walrus la morsa había sido Paul y que era él quien había hablado del loco de la colina en The Fool on the Hill.*

En honor a la canción de los Beatles, el término "Glass Onion" «se ha utilizado en un contexto más amplio para describir

---

*.   Es Lennon quien sale disfrazado como una morsa en la portada de *Magical Mystery Tour* y en el videoclip de I Am the Walrus (McCartney es el hipopótamo). Y el autor de The Fool on the Hill es Paul, no John.

cualquier canción intertextual y abiertamente referencial»[330]. Ian Marshall reflexiona:

> En cierto sentido, la canción es una broma destinada a aquellos que insisten en buscar un profundo nivel de significado en las letras de los Beatles. Pero la imagen de la cebolla es llamativa, ya que consiste en capas dentro de capas. Se extraen las capas y no queda nada, porque la cebolla está formada por capas. Y, por supuesto, es un "cristal" de cebolla, quizás transparente. Así que el mensaje es, tal vez, que el mensaje no está escondido en las canciones: el mensaje son las canciones. Y GLASS ONION es, en sí misma, otra capa puesta sobre la capa anterior, como toda declaración de un diálogo.[331]

Las compilaciones, colecciones y reediciones de la obra de los Beatles han sido una constante para la industria discográfica desde que la banda se separó. Cuando los Beatles mismos se involucraron en esa tarea de recopilación, lo hicieron de una manera notablemente dialógica en relación con su propia obra. En 1995, Paul McCartney, Ringo Starr y George Harrison, los tres Beatles sobrevivientes, junto con el apoyo de la viuda de John Lennon, Yoko Ono, editaron *Anthology*, una recopilación de material poco conocido de la historia de la banda.

Para acompañar la edición, recuperaron y produjeron dos canciones inéditas de Lennon: REAL LOVE y FREE AS A BIRD. También lanzaron videoclips para esas canciones. El de REAL LOVE es un compendio de vestimentas, instrumentos, lugares, fotografías y videos típicos de la historia de los Beatles. El de FREE AS A BIRD es mucho más interesante. Está montado como un ejercicio muy consciente de intertextualidad dentro de las canciones de los Beatles. Incluso si es difícil establecer la pertinencia de todas las referencias que se pueden entrever en este video de menos de cinco minutos, el collage es revelador. Menciono algunas de las citas más notables:

- al principio del video se oye el mismo aleteo que se usó para la versión original de ACROSS THE UNIVERSE;
- delante de la foto de Harrison hay un zapato marrón (ya que él fue el compositor de OLD BROWN SHOE);
- los Beatles interpretan SOME OTHER GUY en The Cavern Club;
- el hogar de niños Strawberry Field (STRAWBERRY FIELDS FOREVER), por donde camina Ringo (una escena tomada de la película *A Hard Day's Night*);
- hay una ferretería con el letrero "Silver Hammer Hardware Store" (una referencia a MAXWELL'S SILVER HAMMER) y una furgoneta de la empresa "Egg & Co" (cuyo dueño puede ser el Egg Man de I AM THE WALRUS); sobre la furgoneta, un cartel dice "Ringo"; enfrente, Mr. Wilson y Mr. Heath caminan (TAXMAN);
- la barbería, la enfermera que vende amapolas y el banquero que sale de la barbería; en la vidriera de la barbería hay una foto de los Beatles, una referencia a la frase «every head he's had the pleasure to know» (PENNY LANE);
- hay un cartel en el negocio con la palabra "Help" (HELP!);
- Ringo sale de la barbería, como en una escena de la canción CAN'T BUY ME LOVE de la película *A Hard Day's Night*;
- dos personas tienen sexo en un auto (WHY DON'T WE DO IT IN THE ROAD?);
- los Beatles conversan en la calle, como en el video de PENNY LANE;

- en un muro se muestran las portadas de los discos de los Beatles como fueron comercializados en *Anthology*;
- un negocio tiene una torta de cumpleaños en la vidriera (Birthday), con la escritura "64" (When I'm Sixty-Four);
- George camina hacia la puerta de las oficinas de Apple Corps como en la canción For You Blues de la película *Let It Be*;
- junto a la puerta de Apple, hay una placa de metal con las palabras "Dr. Robert" (Doctor Robert);
- Ringo con su cámara, como en la película *A Hard Day's Night*;
- John mira un accidente automovilístico entre una multitud de gente (A Day in the Life); los policías que atienden el incidente están parados en fila (I Am the Walrus);
- un tobogán (Helter Skelter) y un barrilete (Being for the Benefit of Mr. Kite!);
- una mujer entra a una casa a través de la ventana (She Came in Through the Bathroom Window);
- un girasol que creció muy alto (Lucy in the Sky with Diamonds);
- un grupo de niños corre a lo largo de la calle con máscaras de cerdos (Piggies, Lady Madonna y/o I Am the Walrus);
- una lagartija en una ventana (Happiness is a Warm Gun);
- un escritor con su máquina de escribir (Paperback Writer);
- en un televisor, un video de la aparición de los Beatles en el programa de Ed Sullivan;
- en un diario se lee «About 4000 holes found in Blackburn, Lancashire» (A Day in the Life);
- en la ventana, una foto de Mao Tse-Tung (Revolution);

- un hombre arregla un agujero (Fixing a Hole), del cual sale un Blue Meanie, personaje de la película *Yellow Submarine*;
- un hombre camina con su perro bulldog (Hey Bulldog);
- un taxi de papel periódico (Lucy in the Sky with Diamonds) recoge a una chica que sale de una casa (She's Leaving Home);
- el Blue Meanie aparece nuevamente en un agujero en la calle («sleeps in a hole in the road» de Mean Mr. Mustard);
- dos personas llevan un retrato de Mao Tse-Tung (Revolution);
- John y Yoko bailan I Me Mine, un fragmento de la película *Let It Be*; en el fondo se puede distinguir el autobús de *Magical Mystery Tour*;
- se ve a un cazador con su elefante, su arma y su madre (The Continuing Story of Bungalow Bill);
- una multitud de personas, Albert Einstein entre ellas, esperan para participar en la fotografía de tapa de *Sgt. Pepper*;
- Brian Epstein se pone una bufanda para irse (I Don't Want to Spoil the Party);
- una estatua, quizás de «Mother Mary» (Let It Be);
- una lápida de piedra con el nombre "Eleanor Rigby" (Eleanor Rigby); la perra de Paul (Martha My Dear) corre por delante del Padre McKenzie (Eleanor Rigby);
- Paul baila como el loco de la montaña (The Fool On The Hill), imagen tomada de la película *Magical Mystery Tour*;
- una chica con sus valijas (She's Leaving Home);
- a la distancia, un camino largo y sinuoso (The Long and Winding Road);
- la senda peatonal frente a los estudios de EMI (tapa de *Abbey Road*) y una agente de tráfico (Lovely Rita);

- Paul, George y Ringo corren por los pasillos antes de actuar (imagen tomada de la película *A Hard Day's Night*);
- mientras un actor finaliza una canción con el ukelele en un escenario (una imitación de George Formby, a quien los Beatles admiraban), John, Paul, George y Ringo observan el recital y aplauden mientras baja el telón.

FREE AS A BIRD, un esfuerzo conjunto de los Beatles a veinticinco años de la separación de la banda, parece ser el colmo del uso de intertextualidades y relaciones dialógicas con la propia obra.

El disco *Love*, publicado en 2006 para acompañar el lanzamiento del espectáculo del mismo nombre realizado por los Beatles y el Cirque du Soleil, siguió desarrollando este aspecto de la obra madura de la banda. *Love* fue producido por el histórico colaborador de los Beatles, George Martin, y su hijo, Giles. Es un *mash-up* (una combinación de fragmentos de diferentes piezas) de toda su obra. En ese sentido, «*Love* es sintomático de la cultura posmoderna del siglo XXI, del *copy-paste* y la autorreferencialidad»[332]. Así, y cito sólo algunos ejemplos, STRAWBERRY FIELDS FOREVER incluye trozos de SGT. PEPPER'S LONELY HEARTS CLUB BAND, IN MY LIFE, PENNY LANE, PIGGIES y HELLO GOODBYE, mientras que OCTOPUS'S GARDEN incorpora fragmentos de GOOD NIGHT, YELLOW SUBMARINE, LOVELY RITA, HELTER SKELTER, YOU'RE GOING TO LOSE THAT GIRL y SUN KING. La decimoctava canción del disco es una mezcla de dos canciones, WITHIN YOU WITHOUT YOU y TOMORROW NEVER KNOWS; el resultado de esa fusión manifiesta el nivel de desarrollo de las posibilidades dialógicas en la obra de los Beatles: la nueva canción no puede ser considerada como una mera reversión de cualquiera de los dos temas, sino que es una nueva voz que se suma al gran diálogo (en palabras de Lennon, una nueva capa para la cebolla).

Cuando tuve que escribir mi tesis de Letras hace más de diez años, no me gustaba la idea de construir un tema de investigación desde cero. Quería, más bien, explorar algo familiar, el tipo de cosas con las que uno ha convivido tanto tiempo que puede comprender con profundidad incluso sin haberlas estudiado formalmente. Los Beatles fueron una elección bastante obvia; sus canciones me acompañan desde mi infancia. Recuerdo vívidamente las tardes escuchando Strawberry Fields Forever una y otra vez en el tocadiscos de casa. No entendía una sola palabra, pero me cautivaba esa extraña concatenación de sonidos, texturas y velocidades.

Hace una década, casi todas mis energías estaban puestas en la música. Hacía poco había presentado mi primer disco y estaba ya trabajando para producir el siguiente. Meditar en la poética de los Beatles era una forma de explicitar y poner palabras a mi propio acercamiento a la canción.

Desde entonces han cambiado muchas cosas. Hace rato que no doy conciertos y mi segundo disco fue también el último (al menos, por ahora). Mi energía se volcó hace ya varios años a los libros y, en especial, a la teología.

Aunque podría parecer que de la música a la literatura y de la vocación del cantautor al oficio del teólogo hay abismos insalvables, es una misma fascinación la que comparten todos esos campos: la meditación en torno al poder que tienen los textos para crear realidades y universos. Los textos verdaderamente trascendentales, los clásicos diría Ítalo Calvino, nunca terminan de decir lo que tienen para decir. Y aquellos que se vuelven nuestros clásicos personales son precisamente los que no sólo nunca nos dejan indiferentes, sino que además nos ayudan a definirnos a nosotros mismos en diálogo (y quizás en contraste) con ellos.[333]

Los textos, sugirió Umberto Eco, están plagados de espacios en blanco que hay que rellenar; todo texto necesita (y quiere) que alguien lo ayude a funcionar.[334] Aquellos que efectivamente logran movilizar conciencias —sean canciones pop de tres minutos o milenarias páginas de una Biblia sagrada— tienen una capacidad hipnótica para convocar a la humanidad y mantenerla tejiendo alrededor de un núcleo de sentido por generaciones. Una muestra de amor infinito, lealtad inclaudicable e incluso hostilidad territorial contra todos aquellos que amenacen su supervivencia, pero también un acto de creatividad, exploración y sorpresa.

Cuanto más importante sea un texto, más gente se ha dedicado a tejer a su alrededor. Los *textum* son eso: un *tejido* de palabras y sentidos que buscan conectarse con otros párrafos, dilemas y posibilidades. Están dispuestos a viajar a los rincones más remotos del pensamiento y a sumergirse en el infierno del sinsentido con tal de tensar el hilo y acercar la palabra ajena a la propia palabra.

Mijaíl Bajtín afirmaba que la voz de un individuo no nace de sí misma ni para sí misma. Siempre se genera desde el otro y se dirige hacia el otro. Así como en una conversación las palabras se suponen y entretejen a través de respuestas, la circulación de enunciados en la sociedad también funciona como un diálogo, en el cual las voces de los demás determinan el sentido y el alcance de mis propias palabras. Ningún texto es homogéneo ni autónomo; todos están formados por los ecos de otros (más cercanos o más lejanos).

El oficio de tejer textos es un esfuerzo intrínsecamente lúdico, estético y religioso; es la forma más específicamente humana que tenemos para dar sentido y orden a los fenómenos dispares y erráticos que pueblan nuestra experiencia de habitar el tiempo. Fue la Palabra la que creó todas las cosas, escribió el cuarto evangelista, y si Penélope pudo hacerle frente al desastre inminente fue porque se mantuvo día tras día tejiendo la esperanza.

Los Beatles tenían un apetito insaciable de evolución, ruptura de paradigmas y descubrimiento de nuevos horizontes. Esa voracidad los llevó a tender puentes hacia todo tipo de textos: antiguos y nuevos, clásicos y contemporáneos, propios y ajenos, ingleses, norteamericanos, europeos, orientales, literarios, musicales, cinematográficos, de la vida cotidiana, de la alta cultura y la cultura popular.

Tuvieron el arrojo de relacionarse con otros textos y voces con una libertad poco común dentro del ámbito de la canción de su tiempo: citaron y releyeron, reescribieron, parodiaron, hicieron alusiones a canciones, libros, pensamientos, noticias y todo tipo de enunciados. Nos enseñaron que la canción puede ser, para quienes quieren continuar el diálogo, como un libro de arena de lectura interminable o una red de inquietos hipervínculos que ensayan las conexiones más extravagantes. Su eclecticismo se adelantó a muchas tendencias estéticas de la sociedad posmoderna, que explota las posibilidades del collage, el pastiche, la intertextualidad desbordada, la parodia, la reescritura, etc.

El diá-logo —ese milagro de forjar el *Logos* de a dos— empieza por puro deseo de tejer el sentido y se termina cuando el deseo se acaba. Mientras haya alguien que se atreva a tender un nuevo puente, o se anime simplemente a explorar algún sendero antiguo, los textos seguirán abriendo posibilidades, creando mundos, despertando a la vida universos de sentido.

Bibliografía

Angenot, M. (1998). *Interdiscursividades. De hegemonías y disidencias.* Editorial Universidad de Córdoba.

Arán, P. (Ed.). (2006): *Nuevo diccionario de la teoría de M. Bajtín.* Ferreyra Editor.

Badman, K. (2001). *The Beatles Off The Record.* Omnibus Press.

Bailey, P. (1994). Conspiracies of Meaning: Music-Hall and the Knowingness of Popular Culture. *Past & Present*, 144, pp. 138-170.

Bajtín, M. (1986). The Problem of the Text in Linguistics, Philology, and the Human Sciences: An Experiment in Philosophical Analysis. En Emerson & Holquist (Ed.), *Speech Genres and Other Late Essays* (pp. 103-113). University of Texas Press.

Bajtín, M. (1999). *Estética de la creación verbal.* Siglo XXI.

Bajtín, M. (2000). *Yo también soy (fragmentos sobre el otro).* Taurus.

Barei, S. (2008). El otro en clave retórica. *Pensar la cultura III. Retóricas de la alteridad.* Grupo de estudios de retórica.

Barthes, R. (1975). *El placer del texto.* Siglo XXI.

Beristáin, H. (1985). *Diccionario de retórica y poética.* Porrúa.

Bloom, H. (2009). *La ansiedad de la influencia. Una teoría de la poesía.* Trotta.

Boria, A. (1996). La comprensión dialógica: una propuesta para las Ciencias Humanas. *Revista ETC.* Alción.

Brocken, M. & Davis, M. (2012). *The Beatles Bibliography: A New Guide to the Literature*. Beatle Works Ltd.

Byron, A. & Hall, A. (Directores). (2010). *John Lennon: Love Is All You Need* [Documental]. A2B Media.

Calvino, I. (1993). *Por qué leer los clásicos*. Tusquets.

Campbell, C. & Murphy, A. (1980). *Things We Said Today: The Complete Lyrics and a Concordance to the Beatles' Songs 1962-1970*. Pierian Press.

Carroll, L. (2010). *Las aventuras de Alicia en el País de las Maravillas*. Planeta.

Carroll, L. (2016). *A través del espejo y lo que Alicia encontró allí*. Cántaro.

Carson, D. (Director). (2000). *In His Life: John Lennon's Story* [Película]. Lions Gate.

Clash Magazine. (2007). *Paul McCartney*. https://www.clashmusic.com/features/paul-mccartney/

Cole, S. & Mallet, D. (Directores). (2006). *Imagine… The Beatles in Love* [Documental]. BBC.

Connolly, M. (2013). *Genre and Parody in the Music of The Beatles* [Tesis de Master of Arts, University of British Columbia]. https://open.library.ubc.ca/media/stream/pdf/24/1.0167202/1

Covach, J. (2006). From Craft to Art: Formal Structure in the Music of the Beatles. En Womack & Davis (Ed.), *Reading the Beatles: Cultural Studies, Literary Criticism, and The Fab Four* (pp. 37-54). State University of New York Press.

Covach, J. (2009). *What's that Sound? An Introduction to Rock and its History*. 2da Ed. W. W. Norton & Company, Inc.

Covach, J. (2019a). George Harrison, songwriter. En Osteen (Ed.), *The Beatles through a Glass Onion: Reconsidering the White Album* (pp. 177-196). University of Michigan Press.

Covach, J. (2019b). Afterword. En Osteen (Ed.), *The Beatles through a*

Glass Onion: Reconsidering the White Album (pp. 263-269). University of Michigan Press.

Curtis, J. (1987). *Rock Eras. Interpretations of Music and Society, 1954-1984.* Bowling Green State University Popular Press.

Davies, H. (1996). *The Beatles.* 2ᵈᵃ ed. revisada. W. W. Norton & Co.

Dentith, S. (2000). *Parody.* Routledge.

Dowlding, W. (1989). *Beatlesongs.* Simon & Schuster.

Dunning, G. (Director). (1968). *Yellow Submarine* [Película de animación]. Apple Films & United Artists.

Eco, U. (1984). *Obra abierta.* Editorial Planeta-De Agostini S.A.

Eco, U. (1993). *Lector in fábula.* Lumen.

Eguia Dibildox, E. & Huckeba, B. (Directores). (2003): *The Beatles: A Long and Winding Road* [Documental]. Edel.

Emerick, G. (2007). *Here, There and Everywhere: My Life Recording the Music of the Beatles.* Gotham Books.

Engelskircher, K. (2021). Intercultural Dialogue via Music: Translating the Beatles' Legacy into Contemporary Pop Culture. *Culture and Dialogue,* 9 (1).

Evans, M. (1984). *The Art of the Beatles.* Beech Tree.

Everett, W. (1999). *The Beatles as Musicians:* Revolver *through the* Anthology. Oxford University Press.

Everett, W. (2001). *The Beatles as Musicians: The Quarry Men through* Rubber Soul. Oxford University Press.

Everett, W. (2006). Painting Their Room in a Colorful Way: The Beatles' Exploration of Timbre. En Womack & Davis (Ed.) *Reading the Beatles: Cultural Studies, Literary Criticism, and The Fab Four* (pp. 71-94). State University of New York Press.

Faulk, B. (2010). *British Rock Modernism, 1967-1977: The Story of the Music Hall in Rock.* Ashgate Publishing Ltd.

Forrest, A. (1995-2023). *The Internet Beatles Album.* https://www.beatlesagain.com/

Friede, G.; Titone, R. & Weiner, S. (1980). *The Beatles A to Z*. Methuen.

Genette, G. (1989). *Palimpsestos. La literatura en segundo grado*. Taurus.

Genette, G. (1997). La literatura a la segunda potencia. *Intertextualité. Francia en el origen de un término y el desarrollo de un concepto*. UNEAC-Casa de las Américas-Embajada de Francia en Cuba.

Gillett, C. (1996). *The Sound Of The City: The Rise Of Rock And Roll*. Da Capo.

Giuliano, G. (1994). *The Lost Beatles Interviews*. Penguin.

Giuliano, G. (Director). (1999). *The Beatles. A Celebration* [Documental]. Mark DeVito.

Gombrich, E. H. (2006). *The Story of art*. Phaidon Press Limited.

Gould, J. (2007). *Can't Buy Me Love: The Beatles, Britain and America*. Piatkus.

Gower Price, C. (1997). Sources of American Styles in the Music of the Beatles. *American Music*, 15, 2.

Guerra Rojas, C. (s.f.) *Música e intertextualidad. Apuntes*. https://raulrodrigovenegas.wordpress.com/2006/07/02/musica-e-intertextualidad/

Guerrero, J. (2019). La música abordada como una práctica: una relectura del concepto de intertextualidad. *Cuadernos de música iberoamericana*, Vol. 32, enero-diciembre, pp. 73-93. https://dx.doi.org/10.5209/cmib.65531

Guesdon, J.-M. & Margotin, P. (2013). *All The Songs: The Story Behind Every Beatles Release*. Black Dog & Leventhal.

Halpin, B. (2018). *Experiencing The Beatles. A Listener's Companion*. Rowman & Littlefield.

Hannan, M. (2008). The Sound Design of *Sgt. Pepper's Lonely Hearts Club Band*. En Julien, O. (Ed.), *Sgt. Pepper and the Beatles: It Was Forty Years Ago Today* (pp. 45-62). Ashgate.

Harrison, G. (2021). *George Harrison: I, Me, Mine*. Libros del Kultrum.

Harry, B. (1992). *Ultimate Beatles Encyclopedia*. Hyperion.

Hatten, R. (1994). El puesto de la intertextualidad en los estudios musicales. *Criterios*, 32 (julio-diciembre), pp. 211-219.

Heilbronner, O. (2008). The Peculiarities of the Beatles: A Cultural-Historical Interpretation. *Cultural and Social History*, 5 (1), pp. 99-115.

Heinonen, Y. & Eerola, T. (2000). Songwriting, Recording, and Style Change. Problems in the Chronology and Periodization of the Musical Style of The Beatles. *Soundscapes: Journal on Media Culture*, 3. https://www.icce.rug.nl/~soundscapes/VOLUME03/Songwriting_recording.shtml

Heinzerling, Z. (Director). (2021). *McCartney 3,2,1* [Miniserie]. Diamond Docs, Endeavor Content, Film 45, MPL Communications, The Kennedy/Marshall Company.

Hertsgaard, M. (1995). *A Day in the Life: The Music and Artistry of the Beatles*. Delacorte Press.

Hill, T. & Clayton, M. (2007). *La vida de los Beatles en imágenes*. Parragon Books.

Ho, M. (2010). The Album Heard 'Round the World: A Look Into Sergeant Pepper's Lonely Hearts Club Band. *TCNJ Journal of Student Scholarship*. Vol. XII (abril 2010). https://joss.tcnj.edu/wp-content/uploads/sites/176/2012/04/2010-Ho.pdf

Hoesterey, I. (2001). *Pastiche: Cultural Memory in Art, Film, Literature*. Indiana University Press.

Howard, R. (Director). (2016). *The Beatles: Eight Days a Week - The Touring Years* [Documental]. Apple Corps, Imagine Entertainment & White Horse Pictures.

Hunter, D. (1992). *The Beatles: The Only Authorized Biography*. 2da Ed. Arrow Books.

Hutcheon, L. (1985). *A Theory of Parody: The Teachings of Twentieth-Century Art Forms*. Methuen Inc.

Ingham, C. (2003). *The Rough Guide to The Beatles*. Penguin.

Inglis, I. (Ed.). (2000). *The Beatles, Popular Music and Society. A Thousand Voices*. Macmillan Press.

Inglis, I. (2001). Nothing You Can See That Isn't Shown: The Album Covers of The Beatles. *Popular Music* 20(1), pp. 83-97.

Inglis, I. (2008). Cover Story: Magic, Myth and Music. En Julien, O. (Ed.), *Sgt. Pepper and the Beatles: It Was Forty Years Ago Today* (pp. 91-102). Ashgate.

Jackson, P. (Director). (2021). *The Beatles: Get Back* [Miniserie]. Polygram Filmed Entertainment, Walt Disney Pictures, Apple Corps & Wingnut Films.

Jameson, F. (1985). Posmodernismo y sociedad de consumo. En Foster, H. (Comp.), *La posmodernidad* (pp. 165-186). Kairós.

Jenkins, P. (2016). The Beatles: Will You Read My Book? *Choice*, 53, pp. 1267-1277.

Julien, O. (Ed.). (2008a). *Sgt. Pepper and the Beatles: It Was Forty Years Ago Today*. Ashgate.

Julien, O. (2008b). "Their Production will be Second to None': an Introduction to *Sgt. Pepper*. En Julien, O. (Ed.), *Sgt. Pepper and the Beatles: It Was Forty Years Ago Today* (pp. 1-10). Ashgate.

Julien, O. (2008c). "A Lucky Man who Made the Grade": *Sgt. Pepper* and the Rise of a Phonographic Tradition in Twentieth-Century Popular Music. En Julien, O. (Ed.), *Sgt. Pepper and the Beatles: It Was Forty Years Ago Today* (pp. 147-170). Ashgate.

Kimsey, J. (2008). The Whatchamacallit in the Garden: *Sgt. Pepper* and Fables of Interference. En Julien, O. (Ed.), *Sgt. Pepper and the Beatles: It Was Forty Years Ago Today* (pp. 121-138). Ashgate.

Kozinn, A. (2010). *The Beatles: From the Cavern to the Rooftop*. Phaidon Press.

Kristeva, J. (1969). *Séméiôtiké: recherches pour une sémanalyse*. Seuil.

Lacasse, S. Intertextuality and Hypertextuality in Recorded Popular

Music. En Talbot (Ed.), *The Musical Work. Reality or Invention?* (pp. 35-58). Liverpool University Press.

Laing, D. (1969). *The Sound of Our Time*. Quadrangle.

Leary, T.; Metzner, R. & Alpert, R. (1964). *The Psychedelic Experience: A Manual Based on the Tibetan Book of the Dead*. University Books.

Lennon, J. (1964). *In His Own Write*. Jonathan Cape.

Lennon, J. (1965). *A Spaniard in the Works*. Jonathan Cape.

Lester, R. (Director). (1964). *A Hard Day's Night* [Película]. United Artists.

Lester, R. (Director). (1965). *Help!* [Película]. United Artists.

Lester, R. (Director). (1967). *How I Won the War* [Película]. United Artists.

Leuchter, E. (1981). *Ensayo sobre la evolución de la música en Occidente*. Ricordi.

Lewisohn, M. (1988). *The Complete Beatles Recording Sessions: The Official Story Of The Abbey Road Years*. Harmony Books.

Lewisohn, M. (1992). *The Complete Beatles Chronicle*. Hamlyn.

Lewisohn, M. (2013). *Tune In: The Beatles: All These Years*. Little, Brown and Company.

Lindsay-Hogg, M. (Director). (1970). *Let it Be* [Película]. United Artists.

Longoni, A. & Santoni, R. (1998). *De los poetas malditos al videoclip. Arte y literatura de vanguardia*. Cántaro.

López Cano, R. (2007). Música e intertextualidad. *Pauta. Cuadernos de teoría y crítica musical*, 104, pp. 30-36.

Luzón Marco, M. J. (1997). Intertextualidad e interpretación del discurso. *EPOS: Revista de Filología*, XIII.

MacDonald, I. (2008). *Revolution in the Head: The Beatles Records and the Sixties*. Vintage.

MacFarlane, T. (2008). Sgt. Pepper's Quest for Extended Form. En Julien, O. (Ed.), *Sgt. Pepper and the Beatles: It Was Forty Years Ago Today* (pp. 33-44). Ashgate.

Mackenzie, M. (1998). *The Beatles. Every Little Thing*. Avon Books.

Maloy, L. (2010). "Stayin' Alive in Da Club": The Illegality and Hyperreality of Mashups. *Journal of the International Association for the Study of Popular Music*. Vol. 1, N.° 2.

Martin, G. & Hornsby, J. (1979). *All You Need Is Ears*. St. Martin's Press.

Martin, G. & Pearson, W. (1994). *Summer of Love: The Making of Sgt. Pepper*. Macmillan.

Marshall, I. (2006). I am he as you are me and we are all together. Bakhtin and The Beatles. En Womack & Davis (Ed.) *Reading the Beatles: Cultural Studies, Literary Criticism, and The Fab Four* (pp. 9-36). State University of New York Press.

McCartney, M. (Directora). (2022). *If These Walls Could Sing* [Documental]. Mercury Studios, Abbey Road Studios, Ventureland & Disney Original Documentary.

McCartney, P. & Muldoon, P. (2021). *The Lyrics: 1956 to the Present*. Allen Lane.

McKinney, D. (2003). *Magic Circles: The Beatles in Dream and History*. Harvard University Press.

Mellers, W. (1974). *Twilight of the Gods: The Music of the Beatles*. The Viking Press.

Melly, G. (1970). *Revolt Into Style: The Pop Arts in Britain*. Allen Lane.

Miles, B. (1997). *Paul McCartney: Many Years from Now*. Henry Holt.

Moore, A. (1997). *The Beatles: Sgt. Pepper's Lonely Hearts Club Band*. Cambridge University Press.

Moore, A. (2008). The Act You've Known for all These Years: a re-encounter with *Sgt. Pepper*. En Julien, O. (Ed.), *Sgt. Pepper and the Beatles: It Was Forty Years Ago Today* (pp. 139-146). Ashgate.

Norman, P. (1981). *Shout! The True Story of the Beatles*. Penguin Books.

Norman, P. (2017). *Paul McCartney. La biografía*. Malpaso Editorial.

Northcutt, W. (2006). The Spectacle of Alienation: Death, Loss, and the Crowd in Sgt. Pepper's Lonely Hearts Club Band. En Womack &

Davis (Ed.) *Reading the Beatles: Cultural Studies, Literary Criticism, and The Fab Four* (pp. 129-146). State University of New York Press.

Nuttall, J. (1970). *Bomb Culture.* Paladin.

O'Dell, T. (Director). (2017). *How the Beatles Changed the World* [Documental]. Symmetrical Entertainment.

O'Grady, T. (1983). *The Beatles: A Musical Evolution.* Twayne.

O'Grady, T. (2008). *Sgt. Pepper* and the Diverging Aesthetics of Lennon and McCartney. En Julien, O. (Ed.), *Sgt. Pepper and the Beatles: It Was Forty Years Ago Today* (pp. 23-32). Ashgate.

Palmer, T. (Director). (1968). *All My Loving* [Documental]. BBC.

Palmer, T. (Director). (1977). *Mighty Good: The Beatles* [Documental]. Tony Palmer.

Peel, I. (2002). *The Unknown Paul McCartney: McCartney and the Avant-Garde.* Reynolds & Hearn.

Pepper, J. (2008-2013). *The Beatles Bible.* https://www.beatlesbible.com/

In My Life: https://www.beatlesbible.com/songs/in-my-life/

Sgt. Pepper's Lonely Heart Club Band: https://www.beatlesbible.com/albums/sgt-peppers-lonely-hearts-club-band/

Sgt. Pepper's Lonely Heart Club Band: https://www.beatlesbible.com/songs/sgt-peppers-lonely-hearts-club-band/

With a Little Help From My Friends: https://www.beatlesbible.com/songs/with-a-little-help-from-my-friends/

Lucy In the Sky with Diamonds: https://www.beatlesbible.com/songs/lucy-in-the-sky-with-diamonds/

Getting Better: https://www.beatlesbible.com/songs/getting-better/

Fixing a Hole: https://www.beatlesbible.com/songs/fixing-a-hole/

She's Leaving Home: https://www.beatlesbible.com/songs/shes-leaving-home/

Being For the Benefit of Mr. Kite!: https://www.beatlesbible.com/songs/being-for-the-benefit-of-mr-kite/

Within You Without You: https://www.beatlesbible.com/songs/within-you-without-you/

When I'm Sixty-Four: https://www.beatlesbible.com/songs/when-im-sixty-four/

Lovely Rita: https://www.beatlesbible.com/songs/lovely-rita/

Good Morning Good Morning: https://www.beatlesbible.com/songs/good-morning-good-morning/

Sgt. Pepper's Lonely Heart Club Band (Reprise): https://www.beatlesbible.com/songs/sgt-peppers-lonely-hearts-club-band-reprise/

A Day in the Life: https://www.beatlesbible.com/songs/a-day-in-the-life/

Magical Mystery Tour: https://www.beatlesbible.com/albums/magical-mystery-tour/

Magical Mystery Tour: https://www.beatlesbible.com/songs/magical-mystery-tour/

The Fool on the Hill: https://www.beatlesbible.com/songs/the-fool-on-the-hill/

Flying: https://www.beatlesbible.com/songs/flying/

Blue Jay Way: https://www.beatlesbible.com/songs/blue-jay-way/

Your Mother Should Know: https://www.beatlesbible.com/songs/your-mother-should-know/

I Am The Walrus: https://www.beatlesbible.com/songs/i-am-the-walrus/

Hello Goodbye: https://www.beatlesbible.com/songs/hello-goodbye/

Strawberry Fields Forever: https://www.beatlesbible.com/songs/strawberry-fields-forever/

Penny Lane: https://www.beatlesbible.com/songs/penny-lane/

Baby You're a Rich Man: https://www.beatlesbible.com/songs/baby-youre-a-rich-man/

All You Need Is Love: https://www.beatlesbible.com/songs/all-you-need-is-love/

Philo, S. (2015). *British Invasion: The Crosscurrents of Musical Influence*. Rowman & Littlefield.

Pollack, A. (1995). *Notes on PENNY LANE*. https://www.icce.rug.nl/~soundscapes/DATABASES/AWP/pl.shtml

Pollack, A. (1995). *Notes on* Sgt. Pepper Lonely Hearts Club Band. https://www.icce.rug.nl/~soundscapes/DATABASES/AWP/splhcb.shtml

Pollack, A. (1996). *Notes on THE FOOL ON THE HILL*. https://www.icce.rug.nl/~soundscapes/DATABASES/AWP/foth.shtml

Pollack, A. (2000). *An introduction to notes on John's Triple Crown: STRAWBERRY FIELDS FOREVER, A DAY IN THE LIFE and I AM THE WALRUS*. https://www.icce.rug.nl/~soundscapes/DATABASES/AWP/triple.shtml

Powell, J. (Ed.). (2004). *Dictionary of Literary Influences: The Twentieth Century, 1914—2000*. Greenwood Press.

Pride Records (Productores). (2008). *Composing The Beatles Songbook: Lennon and McCartney (1957-1965)* [Documental].

Quantick, D. (2002). *Revolution: The Making of the Beatles' White Album*. Chicago Review Press.

Quintana Docio, F. Intertextualidad genética y lectura palimpséstica. *Castilla: Estudios de literatura*, 15, pp. 169-182.

Reck, D. (2008). The Beatles and Indian Music. En Julien, O. (Ed.), *Sgt. Pepper and the Beatles: It Was Forty Years Ago Today* (pp. 63-74). Ashgate.

Reising, R (Ed.). (2002). *"Every Sound There Is": The Beatles' Revolver and the Transformation of Rock and Roll*. Ashgate.

Reising, R. & LeBlanc, J. (2008). Within and Without: *Sgt. Pepper's Lonely Hearts Club Band* and Psychedelic Insight. En Julien, O. (Ed.), *Sgt. Pepper and the Beatles: It Was Forty Years Ago Today* (pp. 103-120). Ashgate.

Reising, R. & LeBlanc, J. (2009). Magical Mystery Tours, and Other Trips:

Yellow Submarines, Newspaper Taxis, and the Beatles' Psychedelic Years. En Womack (Ed.), *The Cambridge Companion to the Beatles* (pp. 90-111). Cambridge University Press.

Reyes, G. (1984). *Polifonía textual. La citación en el relato literario.* Gredos.

Riley, T. (2002). *Tell Me Why: A Beatles Commentary.* Da Capo.

Robertson, J. (1994). *The Complete Guide to the Music of the Beatles.* Omnibus Press.

Roessner, J. (2006). We All Want to Change the World: Postmodern Politics and the Beatles' White Album. En Womack & Davis (Ed.), *Reading the Beatles: Cultural Studies, Literary Criticism, and The Fab Four* (pp. 147-158). State University of New York Press.

Roxon, L. (1969). *Rock Encyclopedia.* Grosset & Dunlap.

Rybaczewski, D. (2012). *Beatles Music History*: http://www.beatlesebooks.com

Sgt. Pepper's Lonely Heart Club Band: http://www.beatlesebooks.com/sgt-pepper-album

Sgt. Pepper's Lonely Heart Club Band: http://www.beatlesebooks.com/sgt-pepper-song

With a Little Help From My Friends: http://www.beatlesebooks.com/help-from-my-friends

Lucy in the Sky with Diamonds: http://www.beatlesebooks.com/lucy-in-the-sky

Getting Better: http://www.beatlesebooks.com/getting-better

Fixing a Hole: http://www.beatlesebooks.com/fixing-a-hole

She's Leaving Home: http://www.beatlesebooks.com/shes-leaving-home

Being for the Benefit of Mr. Kite!: http://www.beatlesebooks.com/kite

Within You Without You: http://www.beatlesebooks.com/within-you-without-you

WHEN I'M SIXTY-FOUR: http://www.beatlesebooks.com/sixty-four

LOVELY RITA: http://www.beatlesebooks.com/lovely-rita

GOOD MORNING GOOD MORNING: http://www.beatlesebooks.com/good-morning

SGT. PEPPER'S LONELY HEART CLUB BAND (REPRISE): http://www.beatlesebooks.com/pepper-reprise

A DAY IN THE LIFE: http://www.beatlesebooks.com/a-day-in-the-life

Magical Mystery Tour: http://www.beatlesebooks.com/magical-mystery-tour-album

MAGICAL MYSTERY TOUR: http://www.beatlesebooks.com/magical-mystery-tour-song

THE FOOL ON THE HILL: http://www.beatlesebooks.com/fool-on-the-hill

FLYING: http://www.beatlesebooks.com/flying

Said, E. (1978). *Orientalism*. Random House.

Schaffner, N. (1978). *The Beatles Forever*. McGraw-Hill.

Schneider, M. (2008). *The Long and Winding Road from Blake to the Beatles*. Palgrave Macmillan.

Scorsese, M. (Director). (2011) *George Harrison: Living in the Material World* [Documental]. Grove Street Pictures, Spitfire Pictures, Sikelia Productions & Grove Street Productions.

Sheff, D. (1981). *The Playboy Interviews with John Lennon and Yoko Ono*. Berkley Books.

Skinner Sawyers, J. (2006). *Read The Beatles. Classic and New Writings on the Beatles, their Legacy, and Why They Still Matter*. Penguin Books.

Smeaton, B. (Director). (2009). *The Beatles on Record* [Documental]. BBC.

Solt, A. (Director). (1988). *Imagine: John Lennon* [Película]. Warner Bros Pictures.

Southall, B.; Vince, P. & Rouse, A. (1997). *Abbey Road: The Story of the World's Most Famous Recording Studios*. 2da Ed. Omnibus Press.

Spicer, M. (2004). (Ac)cumulative Form in Pop-Rock

Music. *Twentieth-Century Music*, 1(1), pp. 29-64. doi:10.1017/ S1478572204000052

Spicer, M. (2009). Strategic Intertextuality in Three of John Lennon's Late Beatles Songs. *Gamut: Online Journal of the Music. Theory Society of the Mid-Atlantic*. Vol. 2, Iss. 1, Art. 11.

Spicer, M. (2018). The Electric Light Orchestra and the Anxiety of the Beatles' Influence. En Burns & Lacasse (Ed.), *The Pop Palimpsest: Intertextuality in Recorded Popular Music* (pp. 106-136). University of Michigan Press.

Spizer, B. (2000a). *The Beatles Story on Capitol Records, Part One*. 498 Productions.

Spizer, B. (2000b). *The Beatles Story on Capitol Records, Part Two*. 498 Productions.

Spizer, B. (2004). *The Beatles are Coming!* 498 Productions.

Spizer, B. (2003). *The Beatles on Apple Records*. 498 Productions.

Stakes, R. (2001). Those Boys: the Rise of Mersey Beat. En Wade, S. (Ed.), *Gladsongs and Gatherings: Poetry and its Social Context in Liverpool Since the 1960s* (pp. 157-66). Liverpool University Press.

Sullivan, H. W. (1995). *The Beatles with Lacan: Rock 'n' Roll as Requiem for the Modern Age*. Peter Lang Pub Inc.

The Beatles. (2000). *Anthology*. RCS Libro S.p.A.

The Beatles (Artista). (2009). *The Beatles Remastered* [Compilado]. Apple Corps.

The Beatles (Artista). (2015). *1* [Compilado]. Apple Corps.

The Beatles & Knowles, B. (Directores). (1967). *Magical Mystery Tour* [Película para televisión]. New Line Cinema.

TheBeatles.Org. (2009-2012). *TheBeatles.Org*: http://www.thebeatles. org. Recuperado el 18 de diciembre de 2012.

Sgt. Pepper's Lonely Heart Club Band: http://www.thebeatles.org/album/ sgt-pepper

Sgt. Pepper's Lonely Heart Club Band: http://www.thebeatles.org/song/sgt-peppers-lonely-hearts-club-band

With a Little Help From My Friends: http://www.thebeatles.org/song/with-a-little-help-from-my-friends

Lucy in the Sky with Diamonds: http://www.thebeatles.org/song/lucy-in-the-sky-with-diamonds

Getting Better: http://www.thebeatles.org/song/getting-better

Fixing a Hole: http://www.thebeatles.org/song/getting-better

She's Leaving Home: http://www.thebeatles.org/song/shes-leaving-home

Being for the Benefit of Mr. Kite!: http://www.thebeatles.org/song/being-for-the-benefit-of-mr-kite

Within You Without You: http://www.thebeatles.org/song/within-you-without-you

When I'm Sixty-Four: http://www.thebeatles.org/song/when-im-sixty-four

Lovely Rita: http://www.thebeatles.org/song/lovely-rita

Good Morning Good Morning: http://www.thebeatles.org/song/good-morning-good-morning

Sgt. Pepper's Lonely Heart Club Band (Reprise): http://www.thebeatles.org/song/sgt-peppers-lonely-hearts-club-band-reprise

A Day in the Life: http://www.thebeatles.org/song/a-day-in-the-life

Magical Mystery Tour: http://www.thebeatles.org/album/magical-mystery-tour

Magical Mystery Tour: http://www.thebeatles.org/song/magical-mystery-tour

The Fool on the Hill: http://www.thebeatles.org/song/the-fool-on-the-hill

Flying: http://www.thebeatles.org/song/flying

Blue Jay Way: http://www.thebeatles.org/song/blue-jay-way

Your Mother Should Know: http://www.thebeatles.org/song/your-mother-should-know

I Am the Walrus: http://www.thebeatles.org/song/i-am-the-walrus

Hello Goodbye: http://www.thebeatles.org/song/i-am-the-walrus

Strawberry Fields Forever: http://www.thebeatles.org/song/strawberry-fields-forever

Penny Lane: http://www.thebeatles.org/song/penny-lane

Baby You're a Rich Man: http://www.thebeatles.org/song/baby-youre-a-rich-man

All You Need Is Love: http://www.thebeatles.org/song/all-you-need-is-love

Tillekens, G. (1998). *The Sound of the Beatles. Summary.* https://www.icce.rug.nl/~soundscapes/VOLUME01/The_sound_of_the_Beatles.shtml

Top of the Line - 4 Reel (Productores). (2006). *Sgt. Pepper DVD - Definitive Master Edition* [Compilado].

Turner, S. (2005). *A Hard Day's Write. The Stories Behind Every Beatles Song.* Carlton Books Limited.

Turner, S. (2006). *The Gospel According to the Beatles.* Westminster/John Knox Press.

Turner, S. (2009). *The Beatles. The Stories Behind the Songs (1967-1970).* Carlton Books Limited.

Turner, S. (2016). *Beatles '66: The Revolutionary Year.* HarperLuxe.

Turner, S. (2018). *Turn! Turn! Turn!: Popular Songs Inspired by the Bible.* Worthy Books.

Unterberger, R. (2000). *The Unreleased Beatles: Music and Film.* Hal Leonard.

Wagner, N. (2008). The Beatles' Psycheclassical Synthesis: Psychedelic Classicism and Classical Psychedelia in *Sgt. Pepper.* En Julien, O. (Ed.), *Sgt. Pepper and the Beatles: It Was Forty Years Ago Today* (pp. 75-90). Ashgate.

Wenner, J. (1971). *Lennon Remembers: The Rolling Stone Interviews*. Popular Library.

Weymouth History. (2013). *Weymouth's Victorian Bandstands*. https://weymouthhistory.org/2013/11/23/weymouths-victorian-bandstands/

Whiteley, S. (2008). Tangerine Trees and Marmalade Skies': Cultural Agendas or Optimistic Escapism? En Julien, O. (Ed.), *Sgt. Pepper and the Beatles: It Was Forty Years Ago Today* (pp. 11-22). Ashgate.

Whitley, E. (2000). The Postmodern White Album. En Inglis (Ed.), *The Beatles, Popular Music and Society: A Thousand Voices* (pp. 105-125). Macmillan.

Womack, K. (2007). Authorship and The Beatles. *College Literature*, vol. 34, no. 3, pp. 161-182.

Womack, K. (Ed.). (2009). *The Cambridge Companion to the Beatles*. Cambridge University Press.

Womack, K. (2020). *The Beatles in Context*. Cambridge University Press.

Womack & Davis (Ed.). (2006). *Reading The Beatles. Cultural Studies, Literary Criticism, and the Fab Four*. State University of New York Press.

Wonfor, G. & Smeaton, B. (Directores). (1996). *The Beatles Anthology* [Miniserie]. Apple Corps.

Índice

Índice

Notas

1   Citado en Norman, 1981, p. 287. Las traducciones (bibliográficas y de las letras de canciones) son mías.

2   Schneider, 2008, p. 198.

3   Spicer, 2018, p. 107.

4   Jenkins, 2016, p. 1271. Cf. Gower Price, 1997.

5   Spicer, 2018, p. 108.

6   Brocken & David, 2012. Considerando que la primera edición del libro tiene más de una década, es probable que ese número haya crecido exponencialmente.

7   Eco, 1984, p. 32.

8   Varios autores proponen diferentes periodizaciones; yo sigo aquí a Heinonen & Eerola, 1998.

9   Citado en Julien, 2008b, p. 1.

10   Spicer, 2009, p. 347.

11   The Beatles, 2000, p. 10.

12   Covach, 2009, p. 163.

13   Wenner, 1971, p. 31.

14   Schneider, 2008, p. 191.

15   Ibíd., p. 3.

16   Citado en MacFarlane, 2008, p. 34.

17   Cf. Stakes, 2001; Riley, 2002.

18   The Beatles, 2000, p. 194.

19   Ibíd., p. 11.

20   Scorsese, 2011.

21   The Beatles, 2000, p. 22.

22   Harry, 1992, p. 313.

23   The Beatles, 2000, p. 11.

24   Covach, 2009, pp. 74-75.

25   The Beatles, 2000, p. 11.

26   Ibíd.

27   Ibíd., p. 27.

28   Ibíd., p. 11.

29   Turner, 2005, pp. 12-13.

30   The Beatles, 2000, p. 14.

31   Ibíd., p. 176.

32   MacDonald, 2008, p. xviii.

33   The Beatles, 2000, p. 176.

34   Pride Records, 2008.

35   The Beatles, 2000, p. 176.

36   Ibíd., p. 8.

37   Ibíd., p. 158.

38   Citado en Schneider, 2008, p. 147.

39   Turner, 2005, p. 13.

40   MacDonald, 2008, p. xii.

41   The Beatles, 2000, p. 158.

42   Ibíd., p. 96.

43   MacDonald, 2008, p. 12.

44   Covach, 2006, p. 39.

45   Ibíd.

46   Cf. Turner, 2005, p. 40.

47   Cf. MacDonald, 2008, p. xi.

48   Gower Price, 1997, p. 226.

49   Cf. Philo, 2015, pp. 84-85.

50   Cf. MacDonald, 2008, p. 195.

51   Citado en Gould, 2007, p. 255.

52   Marshall, 2006, p. 15.

53   Schneider, 2008, p. 83.

54   The Beatles, 2000, p. 160.

55   MacDonald, 2008, p. 163.

56   Lewisohn 1988b, p. 69.

57   Citado en Julien, 2008c, p. 160.

58   Cf. Turner, 2005, p. 86.

59   MacDonald, 2008, p. 179.

60 Turner, 2016, p. 439.

61 The Beatles, 2000, p. 237.

62 MacDonald, 2008, p. 201.

63 The Beatles, 2000, p. 209.

64 Whiteley, 2008, p. 21.

65 MacDonald, 2008, p. 19.

66 Ibíd., p. 221.

67 The Beatles, 2000, p. 210.

68 Clash Magazine, 2007.

69 Cf. MacDonald, 2008, pp. 125, 247.

70 Schneider, 2008, p. 100.

71 The Beatles, 2000, p. 339.

72 MacDonald, 2008, p. 239.

73 Schneider, 2008, p. 71.

74 MacDonald, 2008, p. 375.

75 Cf. Miles, 1997.

76 Turner, 2005, p. 11.

77 Schneider, 2008, p. 89.

78 Ibíd., p. 71.

79 Jackson, 2021.

80 MacDonald, 2008, p. 192.

81 Ibíd., p. 212.

82 McCartney, 2022.

83 MacDonald, 2008, p. 195.

84 Jackson, 2021.

85 Martin & Pearson, 1994, p. 77.

86 Citado en Julien, 2008c, p. 154.

87 Citado en Julien, 2008b, p. 3.

88 Citado en Southall, Vince & Rouse, 1997, p. 109.

89 Citado en Julien, 2008b, p. 4.

90 MacDonald, 2008, p. 202.

91 Julien, 2008c, p. 159.

92 Everett, 2001, p. 276.

93 O'Dell, 2017.

94 Julien, 2008c, p. 153.

95 Ibíd., p. 161.

96 The Beatles, 2000, p. 252.

97   Cf. Hertsgaard, 1995, p. 103.

98   Said, 1978, p. 1.

99   Reck, 2008, p. 64.

100 Ibíd., p. 65.

101 Ibíd., p. 69.

102 Citado en Whiteley, 2008, p. 18.

103 Reck, 2008, p. 63.

104 Cf. Ibíd., p. 69.

105 MacDonald, 2008, p. 170.

106 Inglis, 2008, p. 92.

107 MacDonald, 2008, p. 216.

108 Citado en Rybaczewski, 2012.

109 Cf. Schneider, 2008.

110 Cf. Connolly, 2013, p. 62.

111 Faulk, 2010, p. 54.

112 Cf. Schneider, 2008, pp. 179-202.

113 Cf. Bailey, 1994, p. 139.

114 Cf. Connolly, 2013, pp. 66-67; MacDonald, 2008, p. 51.

115 Cf. Heilbronner, 2008, pp. 109-110.

116 Turner, 2009, p. 11.

117 Northcutt, 2006, p. 137.

118 Connolly, 2013, p. 76.

119 Cf. Wagner, 2008.

120 Ibíd., p. 76.

121 Bajtín, 1999, p. 316.

122 Marshall, 2006, p. 24.

123 Dentith, 2000, p. 5.

124 Cf. Engelskircher, 2021.

125 Genette, 1989, p. 495.

126 Para una propuesta de abordaje de la música popular utilizando las categorías de Genette, ver Lacasse, 2000.

127 Cf. Marshall, 2006, pp. 13-32.

128 The Beatles, 2000, p. 27.

129 Ibíd., p. 68.

130 Covach, 2009, p. 161.

131 Turner, 2009, p. 6.

132 Guerrero, 2019, p. 78.

133 The Beatles, 2000, p. 356.

134 Turner, 2009, p. 5.

135 Connolly, 2013, p. 3.

136 Cf. Hutcheon, 1985.

137 Heinzerling, 2021.

138 MacDonald, 2008, p. 23.

139 Ibíd., p. 262.

140 Citado en Lewisohn, 1988, p. 122.

141 Marshall, 2006, p. 15.

142 Martin & Pearson, 1994, p. 27.

143 Julien, 2008c, p. 156.

144 Wagner, 2008, p. 90.

145 Schneider, 2008, p. 70.

146 Cf. Laing, 1969.

147 Schneider, 2008, p. 70.

148 Ibíd., p. 169.

149 Martin &Pearson, 1994, p. 151.

150 Moore, 2008, p. 140.

151 Miles, 1977, p. 303.

152 MacDonald, 2008, p. 249.

153 Cf. Reising & LeBlanc, 2009, pp. 107-108; Kimsey, 2008, p. 136.

154 Jackson, 2021.

155 The Beatles, 2000, p. 241.

156 Ibíd.

157 Ibíd., p. 214.

158 Cf. Ho, 2010.

159 Cf. MacDonald, 2008, p. 232.

160 Turner, 2009, p. 14.

161 Julien, 2008b, p. 2.

162 Lewisohn, 1988, p. 95.

163 Cf. Covach, 2009.

164 Cf. Turner, 2009, p. 9.

165 Citado en Dowlding, 1989, p. 160.

166 Julien, 2008c, p. 158.

167 The Beatles, 2000, p. 241.

168 Ibíd.

169 Ibíd., p. 338.

170 Ibíd., p. 241.

171 Citado en Schneider, 2008, p. 170.

172 Northcutt, 2006, p. 134.

173 O'Grady, 2008, p. 28.

174 Schneider, 2008, p. 172.

175 The Beatles, 2000, p. 248.

176 Inglis, 2008, p. 93.

177 Melly, 1970, p. 151.

178 Schneider, 2008, p. 172.

179 Marshall, 2006, p. 27.

180 Cf. Inglis, 2008, p. 91.

181 The Beatles, 2000, p. 248.

182 Recuperado de Weymouth History, 2013.

183 The Beatles, 2000, p. 18.

184 Everett, 1999, p. 123.

185 Inglis, 2008, p. 96.

186 Schneider, 2008, p. 172.

187 Martin & Pearson, 1994, p. 65.

188 Citado en Rybaczewski, 2012.

189 Citado en Ibíd. Cf. Powell, 2004.

190 Cf. Inglis, 2008, p. 94.

191 Turner, 2009, p. 16.

192 Schneider, 2008, pp. 127-128.

193 Ibíd.

194 Cf. Solt, 1988.

195 Citado en Rybaczewski, 2012.

196 Citado en Pepper, 2008-2013.

197 Cf. Turner, 2009, p. 19.

198 The Beatles, 2000, p. 243.

199 Turner, 2009, p. 20.

200 Cf. Rybaczewski, 2012.

201 Marshall, 2006, pp. 24-25.

202 Citado en Rybaczewski, 2012.

203 MacDonald, 2008, p. 242.

204 Turner, 2009, p. 21.

205 Citado en Guesdon & Margotin, 2013.

206 Turner, 2009, p. 22.

207 Cf. Turner, 2009, p. 25.

208 Cf. Rybaczewski, 2012.

209 Wagner, 2008, pp. 80-83.

210 Citado en Pepper, 2008-2013.

211 The Beatles, 2000, p. 243.

212 Cf. Turner, 2009, p. 27.

213 Connolly, 2013, p. 72.

214 Citado en Pepper, 2008-2013.

215 Top of the Line - 4 Reel, 2006.

216 MacDonald, 2008, p. 244.

217 Citado en Turner, 2009, p. 29.

218 Leary, Metzner & Alpert, 1964, pp. 127, 133.

219 Hannan, 2008, p. 55.

220 Ibíd., p. 54.

221 Marshall, 2006, p. 14.

222 Cf. Connolly, 2013, p. 73.

223 Martin & Pearson, 1994, p. 129.

224 Schneider, 2008, p. 114.

225 Whiteley, 2008, p. 19.

226 The Beatles, 2000, p. 22.

227 MacDonald, 2008, p. 220.

228 Hannan, 2008, p. 56.

229 Cf. Rybaczewski, 2012.

230 Citado en Pepper, 2008-2013.

231 Cf. Badman, 2001.

232 Whiteley, 2008, p. 20.

233 Reising & LeBlanc, 2008, p. 111.

234 MacDonald, 2008, p. 235.

235 Citado en Rybaczewski, 2012.

236 Cf. Guesdon & Margotin, 2013.

237 Cf. Riley, 2002.

238 Citado en Rybaczewski, 2012.

239 Citado en Womack & Davis, 2006.

240 Spicer, 2018, p. 126.

241 O'Grady, 2008, p. 32.

242 Wonfor & Smeaton, 1996.

243 Citado en Rybaczewski, 2012.

244 The Beatles, 2000, p. 247.

245 Martin & Pearson, 1994, p. 53.

246 Top of the Line - 4 Reel, 2006.

247 Martin & Hornsby, 1979, p. 209.

248 Cf. MacDonald, 2008, p. 225.

249 Citado en Pepper, 2008-2013.

250 Ibíd.

251 The Beatles, 2000, p. 247.

252 Citado en Lewisohn, 1988b, p. 109.

253 Julien, 2008c, p. 164.

254 Connolly, 2013, p. 74.

255 MacDonald, 2008, p. 230.

256 Hannan, 2008, p. 60.

257 MacDonald, 2008, p. 265.

258 The Beatles, 2000, p. 272.

259 Norman, 1981, p. 312.

260 Cf. Miles, 1997.

261 The Beatles, 2000, p. 272.

262 Citado en Guesdon & Margotin, 2013.

263 Citado en Rybaczewski, 2012.

264 Miles, 1997, pp. 562-563.

265 MacDonald, 2008, p. 253.

266 Ibíd., pp. 264-265.

267 Jackson, 2021.

268 MacDonald, 2008, pp. 263-264.

269 Cf. Marshall, 2006.

270 Citado en Pepper, 2008-2013.

271 Citado en Rybaczewski, 2012.

272 Turner, 2009, p. 52.

273 MacDonald, 2008, p. 271.

274 Schneider, 2008, p. 121.

275 Turner, 2009, p. 57.

276 The Beatles, 2000, p. 273.

277 Citado en Pepper, 2008-2013.

278 Cf. Eco, 1993, p. 78.

279 MacDonald, 2008, p. 266.

280 Ibíd., p. 267.

281 The Beatles, 2000, p. 273.

282 Cf. Pepper, 2008-2013.

283 The Beatles, 2000, p. 273.

284 Carroll, 2010, pp. 196-197.

285 Marshall, 2006, p. 17.

286 The Beatles, 2000, p. 176.

287 Citado en TheBeatles.Org, 2009-2012.

288 MacDonald, 2008, p. 272.

289 Turner, 2009, p. 13.

290 The Beatles, 2000, p. 8.

291 Citado en Pepper, 2008-2013.

292 Ibíd.

293 Sheff, 1981, pp. 166-169.

294 Citado en Miles, 1997, p. 563.

295 Guesdon & Margotin, 2013.

296 Cf. Spicer, 2018, p. 107.

297 MacDonald, 2008, p. 222.

298 Turner, 2009, p. 10.

299 Cf. Powell, 2004.

300 Citado en Rybaczewski, 2012.

301 Wonfor & Smeaton, 1996.

302 Pollack, 1995.

303 Cf. Riley, 2002.

304 Cf. Wagner, 2008.

305 Cf. Guesdon & Margotin, 2013.

306 The Beatles, 2000, p. 193.

307 MacDonald, 2008, p. 262.

308 Turner, 2009, p. 40.

309 Martin & Hornsby, 1979, p. 192.

310 Spicer, 2009, p. 355.

311 Martin & Hornsby, 1979, p. 192.

312 Spicer, 2009, p. 357.

313 Ibíd., p. 359.

314 Tillekens, 1998.

315 MacDonald, 2008, pp. 10-11.

316 Whiteley, 2008, p. 11.

317 MacDonald, 2008, p. 27.

318 Schneider, 2008, p. 156.

319 Ibíd., p. 170.

320 MacDonald, 2008, p. xiii.

321 Schneider, 2008, p. 169.

322 William Mann en la edición de *The Times* del 29 de mayo de 1967. Citado en Julien, 2008b, p. 9.

323 *Times Literary Supplement*. Citado en Norman 1981, p. 287.

324 Julien, 2008c, p. 164.

325 Moore, 1997, p. 62.

326 Citado en Martin & Pearson, 1994, p. 153.

327 Kimsey, 2008, p. 122.

328 Cf. Riley, 2002.

329 Schneider, 2008, p. 97.

330 Maloy, 2010, p. 15.

331 Marshall, 2006, p. 19.

332 Maloy, 2010, p. 15.

333 Cf. Calvino, 1993.

334 Cf. Eco, 1988, p. 76.

Esperamos que este libro
haya sido de tu agrado.
Para información o comentarios,
contáctanos en la dirección
que aparece debajo.

Muchas gracias.

HOJAS DEL SUR

www.hojasdelsur.com

/hojasdelsur